书海引航

陈亚萍　邵广纪　编著

郑州大学出版社

图书在版编目(CIP)数据

书海引航 / 陈亚萍，邵广纪编著. — 郑州：郑州大学出版社，2021. 2(2023.7 重印)

ISBN 978-7-5645-7267-9

Ⅰ. ①书… Ⅱ. ①陈…②邵… Ⅲ. ①大学生 - 推荐书目 - 世界 Ⅳ. ①Z835

中国版本图书馆 CIP 数据核字(2020)第 166890 号

书海引航

SHUHAI YINHANG

策划编辑	李勇军	封面设计	苏永生
责任编辑	孙精精	版式设计	凌 青
责任校对	秦熹微	责任监制	李瑞卿

出版发行	郑州大学出版社	地 址	郑州市大学路 40 号(450052)
出 版 人	孙保营	网 址	http://www.zzup.cn
经 销	全国新华书店	发行电话	0371-66966070
印 刷	永清县晔盛亚胶印有限公司		
开 本	787 mm×1 092 mm 1 / 16		
印 张	14.75	字 数	207 千字
版 次	2021 年 2 月第 1 版	印 次	2023 年 7 月第 2 次印刷

书 号	ISBN 978-7-5645-7267-9	定 价	50.00 元

编委会

目录

哲学心理学

历史、传记

政治、经济、社会

科技、军事

文学创作与文化

哲学心理学

《中国哲学简史》

基本信息

作　者：冯友兰

译　者：赵复三

出版社：生活·读书·新知三联书店

版　次：2009 年 5 月第 1 版

图书经纬

冯友兰（1895—1990），河南南阳人，当代著名哲学家、教育家。1918 年毕业于北京大学文科中国哲学门，1924 年获哥伦比亚大学哲学博士学位。回国后先后担任清华大学教授兼哲学系主任、文学院院长，西南联合大学教授、文学院院长。20 世纪 30 年代初出版两卷本《中国哲学史》，把中国哲学史分为“子学时代”和“经学时代”。40 年代构建“新理学”体系，新中国成立后论著编为《三松堂全集》，被誉为“现代新儒家”。

《中国哲学简史》由讲稿整理而成。1946—1947 年，冯友兰在美国宾夕法尼亚大学客座讲授中国哲学史，其英文讲稿 1948 年在美国出版，便是此书。本书的英文版 70 多年来一直是世界各大学中国哲学专业的通用教材，后有多种译本出版，是西方人学习中国哲学的入门书，影响很大。20 世纪 80 年代，该书第一次译成中文，1985 年首版 10 万册很快售罄，成为当时学术界的畅销书。时至今日，该书依然是诸多学校推荐给学生了解中国传统文化、思想史的必读书。

内容梗概

本书共28章，分六部分：

第一部分（一—二章），概括介绍了中国哲学精神及其产生的文化背景。

第二部分（三—十四章），是全书最重要的部分，介绍中国哲学思想起源发展最重要的历史时期——先秦诸子百家的思想产生和发展的过程。该部分以儒、道、墨三家为中心，文中先概述各家学派产生的背景和发展过程，然后介绍了各学派的主要思想内容。儒家部分梳理了孔子开创儒家、儒家理想主义流派（孟子）和现实主义流派（荀子）的发展情况；道家则介绍了道家在先秦三阶段的杨朱、老子、庄子三位代表人物及其思想；墨家分为前、后期两段，介绍了其学派“兼爱”和“非攻”的思想及传承过程。

第三部分（十五—十八章），介绍了汉代儒家和道家的发展状况。内容包括儒家的形而上学和治国平天下的政治哲学主张，以及汉儒的代表董仲舒；道家方面则梳理了汉初黄老之学的情况。

第四部分（十九—二十二章），该部分各用2章介绍了“新道家”与佛学。“新道家”出现于汉末魏晋时期，其特征是崇尚理性和豁达率性的风格；佛学方面，描述了佛教传入中国时的社会历史情况，简明扼要地阐释了佛教被中国思想接受和本土化的过程，并着重介绍了本土化佛教教派——禅宗的思想内容。

第五部分（二十三—二十六章），讲了唐宋时代儒学的发展。本章从历史上有名的古文运动的源头——中唐的“韩愈、柳宗元”讲起，涉及北宋周敦颐、邵雍、张载的学说，以及南宋程朱理学、陆王心学的发展过程。讲述过程中使用了“柏拉图式理念的理学”“宇宙心学”等西方哲学的范畴对中国哲学问题进行了重新阐释。

第六部分（二十七—二十八章），主要讲了新文化运动中“反孔运动”和西方哲学的传入与影响，以及中国传统哲学在新时代、全球化潮流中的变化与作用等。

经典篇章

第二章 中国哲学的背景

前两章总论中国哲学不同于西方的特点，以及其不同的产生原因，包括哲学在中国文化中的地位，中国哲学关注的问题，中国哲学家表达思想的特殊方式等相对西方哲学而言不同的地方；然后分析了这种不同的原因——中国哲学产生的背景，包括地理环境、经济背景、重农思想、家族制度，以及中国哲学中的核心要点等，让读者对中国哲学的状况有一个宏观的认识。

作者学贯中西，全书面向西方读者，以一种旁观者的视角反观中国哲学和历史文化，读来有一种照镜子般的明晰感。

第三章 诸子的由来

本章介绍了诸子百家的起源，是后文十一章内容的前提和基础，引用文献扎实，叙述清晰有条理，既通俗易懂，又严谨科学。例如，关于诸子的由来，作者阐述汉代两位学者的观点：西汉司马谈分六家，东汉刘歆分十家。刘歆认为，周朝前期吏与师不分，官吏与贵族诸侯均世袭，后周朝皇室失势，在吏与师分化的过程中兴起了诸子百家；诸子的前身都是某种官吏，比如儒家出于司徒之官，道家出于史官，名家出于礼官，墨家出于清庙之守，农家出于农稷之官，等等，并根据官职、功能对各家思想进行了意义推演。

对于“百家”起源，作者批判性继承了刘歆的观点，肯定了他从政治和社会环境去探求各家由来的做法，同时指出刘歆对各家意义的阐述并不充分，部分流派所由来的官职有牵强之处。

精彩语段

在周代，帝王公侯都拥有自己的军事专家，这些人是世袭的武士，是当时军队的骨干。周朝后期统治权力解体，这些军事家丧失了权力和爵位，散落全国，只求有人雇佣，得以维持生计。他们被称为“侠”

或“游侠”。《史记》中称他们：“其言必信，其行必果，已诺必诚，不爱其躯，赴士之厄困”（《游侠列传》）。这是他们的武士道德。墨学中，有一大部分便是这种武士道德的延伸。

在中国历史上，“儒”和“侠”都是依附于贵族的专门人才，他们自己也属于社会的上层。后来，儒生继续来自上层或中层阶级，侠则更多来自下层阶级。在古代，各种典章制度和礼乐都是贵族专用的，在普通百姓眼中，这些典制礼乐都是奢侈的繁文缛节，没有丝毫用处。墨子和墨家正是以此为出发点，批判传统典制和对它加以粉饰的孔子与儒家。墨家哲学的内容，主要便是这种批判和对游侠道德的辩护。

——节选自《第五章　墨子：孔子的第一位反对者》

这两个学派（程朱理学和陆王心学）所争论的主要问题乃是哲学的根本问题。用西方哲学的语言来说，他们所争论的问题是：自然中的规律，是否人头脑中的臆造，或宇宙的心的创作？这是柏拉图学派的实在论和康德学派的观念论历来争论的中心问题，可以说，也是形而上学的中心问题。这个问题如果解决了，剩下的争论就不多了。

——节选自《第二十四章　更新的儒家：两个学派的开端》

人与其他动物不同，在于当他做什么事时，他知道自己在做的是什么事，并且自己意识到，是在做这件事。正是这种理解和自我意识使人感到他正在做的事情的意义。人的各种行动带来了人生的各种意义；这些意义的总体构成了我所称的“人生境界”。不同的人们可能做同样的事情，但是他们对这些事情的认识和自我意识不同，因此，这些事情对他们来说，意义也不同。每个人有他的生命活动的范围，与其他任何人都不完全一样。尽管人和人之间有种种差别，我们仍可以把各种生命活动范围归结为四等。由最低的说起，这四等是：一本天然的“自然境界”，讲求实际利害的“功利境界”，“正其义，不谋其利”的“道德境界”，超越世俗、自同于大全的“天地境界”。

——节选自《第二十八章　厕身现代世界的中国哲学》

阅读感悟

冯友兰既是哲学史家，又是哲学家，本书是史与思的结晶，讲述了中国哲学发展的基本过程，打通了古今中外思想文化的相关知识，在有限篇幅中融入作者对传统哲学问题的再理解与思考，充满了人生的睿智与哲人的洞见；语言通俗易懂，是了解中国传统思想的入门读物。中国人读中国哲学史，能让我们既身处熟悉的历史场景，又能感悟现象背后深层次的原因，能使思维在和前人的对话过程中得到锻炼和升华。

这是一本常读常新的经典，可以用来温故知新，可以对某个领域的发展流变进行宏观审视、重新掌握，也可以对其中的学术方法和角度进行再思考，更可以对行文中作者体现出的“哲学家式”的人生智慧细细品味。希望大家都能在《中国哲学简史》中寻求到心灵的慰藉，得到文化的熏陶。

拓展阅读

1.《中国哲学大纲——中国哲学问题史》：张岱年著，中国社会科学出版社 1982 年 8 月第 1 版；

2.《中国哲学史大纲》：胡适著，中华书局 2018 年 7 月第 1 版。

《正信的佛教》

基本信息

作　者：圣严法师

出版社：陕西师范大学出版社

版　次：2008 年 4 月第 1 版

图书经纬

圣严法师（1930—2009），世界著名佛教徒。生于江苏南通，少年出家为沙弥，1949 年还俗，从军入伍，任后勤通信兵，随军抵台，取官名“张采薇”。1959 年退伍，再次剃发出家，法名“圣严”。1975 年获日本立正大学文学博士学位，成为中国佛教界第一个博士学位获得者。历任“中国文化大学”教授、美国佛教会副会长及译经院院长，创办中华佛学研究所，2009 年去世，享年 79 岁。

《正信的佛教》《学佛群疑》《佛学入门》是作者的三本佛教入门书，前两本都以问答形式呈现，汇集整理人们对佛教的各种疑惑，由法师做出解答，通俗易懂、深入浅出，非常适合初次接触佛教的读者阅读。

台湾著名漫画家朱德庸曾说：“圣严师父的德行让我感佩，阅读师父的著作，我得到很多启发。”“对我而言，佛法愈来愈是一种生活的态度与方式，我看待人、事物的角度也因此宽广许多，在创作上如此，生活上如此，婚姻、家庭、亲子关系莫不如此。”

内容梗概

书名《正信的佛教》有两重含义，一是反映佛法根本精神的、正确的、本质的佛学；二是廓清大众对佛教的迷信和误解，还原佛学本来的面目。作者以自身系统广博的佛学智慧，扎实严谨的学术素养，通过平实流畅的语言，带领读者进入“正信”的佛陀世界，契悟佛教的奥秘。

佛陀是创世主吗？宇宙和生命从哪里来？佛教相信上帝吗？佛教相信灵魂的实在吗？佛教相信转世吗？佛教崇拜神鬼吗？佛教反对自杀吗？佛教反对节制生育吗？佛教徒有国家观念吗？佛教徒能参加军政工作吗？……这些问题都是当代人对佛教的困惑。书中列举了类似的70项问题，通过深入浅出的回答，作者勾勒了佛教发展的基本脉络，还原了佛教的本来面目，揭示了佛教的基本教义。主要内容包括以下三方面：

第一，佛教历史，如释迦牟尼的成佛之道，佛陀的教义及教化，佛教在印度的起源及教团发展的阶段，佛教在亚洲中北部和南部以及西藏地区传播的状况，中国佛教在各个历史时期的发展特点等。第二，佛教义理，如佛教的世界观、解脱观，佛教徒的理想世界，以及何谓四圣谛、五蕴、十二因缘，因果与因缘，唯心与唯名，等等。第三，佛教的仪轨、制度等，如佛国世界中的修行果位，各种境界的修行者的品类等级，以及学佛者的入门路径等。

经典篇章

“正信的佛教是什么?”至“佛教的根本教条是什么?”

本书的前九组问答构成一个系列，以“正信的佛教”为中心，以佛教历史发展为线索，简要阐释了佛学的本质和基本教理、世界观，显示了作者深厚的佛学修养。

第一组问答，通过分析正信和迷信，给出标准，对佛教在历史上和现实中的存在状况进行了介绍。本组回答中，作者指出佛教在中国一向被山林高僧以及少数的士人君子专有，一般民众多在儒释道混杂的信仰观念中生活，把佛陀菩萨作为创世主一类的偶像来崇拜。接下来的八组问答，作者从佛教的无神论本质出发，指出佛陀并不是神，佛教教义并不教导人信仰神，佛教的“正信”贵在践行佛陀言教，而不是对佛陀作形式崇拜，将佛教深奥的教义和核心观点讲解得通俗易懂、晓畅明白。

佛教徒对于全部佛经的态度怎样呢？佛教的典籍真是难懂难读的吗？佛教徒禁看异教的书籍吗？

以上三个问答，构成一系列关于佛教书籍的认识与解惑。作者以佛门中人多年来对佛教的认识和大量佛教典籍的阅读，向一般读者介绍了佛教内容，阅读的方法、阶梯，不同层次佛教徒阅读佛经的重点和原则，对缺乏佛教基本知识的读者有指点门径的作用。回答过程中，作者并没有就事论事，而是从印度佛教发展史、中国佛经翻译情况入手，对比天主教等西方宗教典籍阅读、发展情况，针对现实中佛经阅读的现状，做了旁征博引、有理有据的分析，讲了原因、给出了阅读方法，令人信服。

精彩语段

佛教的本质并没有正信和迷信的分别，佛教就是佛教，佛教的基本内容，到处都是一样。佛教是从大觉的佛陀——释迦世尊的大悲智海之中流露出来的，那是充满了智慧、充满了仁慈、充满了光明、清凉、安慰的一种言教，根据这种言教的信仰而建立的教团形态，便是佛教。

所谓正信，就是正确的信仰、正当的信誓、正轨的信解、正直的信行、真正的信赖。正信的内容，必须具备三个主要的条件：第一，永久性；第二，普遍性；第三，必然性。换一个方式来说，便是过去一向如此，现在到处如此，未来必将如此。

凡是对于一种道理或一桩事物的信仰或信赖，如果经不起这三个条件的考验，那就不是正信而是迷信。一个宗教的教理，禁不起时代的考验，通不过环境的疏导，开不出新兴的境界，它便是迷信而不是正信。

——节选自《正信的佛教是什么》

现在的一般年轻人，都在诅咒佛教典籍的难懂难读，那是由于他们看的佛书太少，同时也没有看到大部的佛经；比如《大般若经》《大涅槃经》《华严经》《法华经》《维摩经》等，他们可能从未见过，至于《阿含经》，看的人就更加少了。其实，如果真想看佛经，应该先由《阿含经》看起，接着看《法华经》《华严经》《大涅槃经》《般若经》，那么，我敢保证他绝不会觉得佛教的经典比耶教的《新约》《旧约》更加难懂而更加使人厌烦……

…………

然而，如果读到大小乘诸家的论典，那就真的要使你大伤脑筋了，特别是大小有宗的论著，那些陌生名词，那些精密结构，那些深邃思想，若非有了相当高的佛学素养，看了便仿佛看的是“天书”。纵然是学佛数十年的老佛教徒，如果不曾有过哲学思考及科学方法的训练，也只能望书兴叹而已。正像一个“武侠小说迷”的读者，突然去读康德与黑格尔的著作，保证他也同样地不得其门而入。

——节选自《佛教的典籍真是难懂难读的吗》

阅读感悟

一般人因受习俗、神道怪诞传说的影响，所以对“佛教是迷信”的印象挥之不去。读了本书，了解了佛学开创者佛陀及其教徒的生平、思想和信仰之后，才真正明白佛陀是一个人而非神；也逐渐明白了鬼神崇拜、人死即鬼等观点都不是佛教的产物；还明白了佛教普度众生的宏愿，令我从心底里感到佛学的神圣和佛陀的伟大。

通过对佛教思想的认识，我还明白了自己过去对传统文化的认知存在很多误解和偏见。比如，文化有时在民间层面可能是以迷信、糟粕的面目出现的，像民间的儒、道、佛三教都有偶像崇拜，寺庙道观里总是香火很旺，但这种行为恰恰是三种学说初创时都极力反对的。

时光流转，如果我们只看它们在千年之后的样子，不了解它们最初创立的初心，恐怕是难以了解任何一种文化现象的本质的。

通过阅读此书，我对佛经里的“众生是佛”也有了更丰富的理解。佛教相信人人修行都可以成佛，可以凭后天努力来改善先天业因。譬如说，一个人前世造了致穷的因，导致了今世为穷人的果，但生为穷人不要紧，只要肯努力，穷困处境是可以改变的。从这里可知道，佛教的因果律不是宿命论、定命论，而是自强论。书中宣扬的“众生是佛”说，强化了“以人为本”的理念。佛教劝导信徒一生觉悟、一生修善，是非常积极的人生哲学。

拓展阅读

1.《佛教常识答问》：赵朴初著，北京出版社2003年1月第1版；

2.《金刚经·心经·坛经》：陈秋平、尚荣译注，中华书局2016年3月第1版；

3.《中国佛学源流略讲》：吕澂著，中华书局1979年8月第1版。

《哲学的故事》

基本信息

作　者：［英］布莱恩·麦基

译　者：季桂保

出版社：生活·读书·新知三联书店

版　次：2002 年 8 月第 1 版

图书经纬

布莱恩·麦基（Brian Magee，1930—2019），英国哲学家、政治家、作家，以哲学普及者的身份为人们所熟知。他 1930 年出生于英国伦敦东部霍克斯顿的一个工薪家庭，早年当选过国会议员，还出版过小说。20 世纪 70 年代初期，他参与的第一档哲学谈话类节目《现代英国哲学》在 BBC 广播中播出。随后，他走上荧幕和十多位哲学家一同在 BBC 录制了《思想家》。麦基的节目证明，媒体不仅可以提供娱乐，也可用严肃的方式传播知识——哪怕是哲学这一许多人未入门前就望而生畏的领域。

2019 年 7 月 26 日，布莱恩·麦基在牛津海丁顿的医院逝世，享年 89 岁。麦基在牛津大学沃夫森学院的同事亨利·哈迪在讣告中提到，麦基的一生“很难用单一的标签进行总结，但他最为不朽的成就是以一种精彩的方式向非专业人群解释哲学”。《时代》杂志也曾评论说：“作为哲学普及者，布莱恩·麦基堪称卓越无比。”

内容梗概

全书33万字，展示了从古希腊至今西方哲学2500年的动人故事。

除导言（《哲学的呼唤》）外，共九大篇章：《古希腊人及其世界》《基督教与哲学》《近代科学的滥觞》《伟大的理性主义者》《伟大的经验主义者》《法国大革命思想家》《德国哲学的黄金时代》《民主与哲学》《20世纪哲学》。

每一个篇章内以该时代主要的哲学问题为牵引，以该时期重要的哲学流派及哲学家为支撑，阐明各个时期哲学思想的走向，分析伟大哲学家的代表性观点及其影响。例如，第三篇章——《近代科学的滥觞》，分为《从哥白尼到牛顿——揭开宇宙的面纱》《马基雅弗利——君主的教师爷》《弗朗西斯·培根——新科学的新方法》《霍布斯——近代唯物主义第一人》四个章节，以人物为中心，介绍时代的思想发展潮流，人物的思想成就，又融汇了中世纪晚期由于自然科学的发展而带来的宗教哲学和政治哲学等的新发展，同时配上油画肖像、名言名句、作品介绍、科学仪器等文化实物和补充信息，让读者对时代和人物有了立体化的、感性和理性交融的认识。

经典篇章

导言　哲学的召唤

什么是哲学？政治、法学、医学、宗教、科学、艺术等领域都存在着“哲学”：对本领域基本概念、原理和方法的质疑就是哲学。什么是根本哲学？是对时空、存在、人类本身，对人类根本的存在和经验提出质疑，让人打消了对哲学敬而远之的心态。

古希腊人及其世界之亚里士多德

本章内容介绍了西方哲学奠基者之一亚里士多德的生平和思想观点。

亚里士多德在西方哲学和科学史上地位很重要，是古希腊时代最重要的哲学家。他是柏拉图的学生，完全服膺柏拉图的天才，承认从老师处学习20多年获益良多，但他最终摒弃了柏拉图的“两个世界”的哲学思想，认为只有一个经验世界。他为科学和形式逻辑奠定基础，开创了以观察和经验为依据，而不是以抽象思维为依据的哲学方法。随文所配14幅彩图涉及浮雕、油画、石雕、壁画、书稿、插画、文化遗迹等，另外还有8段亚里士多德的名言，这些元素和文字内容配合，形成了立体的关于古希腊社会、时代和亚里士多德思想的丰富知识以及对其思想的认识，阅读轻松，体验愉悦。

精彩语段

两个世界的划分意味着人类本身也像其他事物一样。人的一部分是可见的，而其后的另一部分则看不见，只能为思维所把握。可见的部分即人的身体和物质的东西，它们遵循物理学规律并占据一定的时空。人的物质身体生成然后消亡，常常是不完善的，永远不可能在不同时刻表现为同一状态，并且一直处在快速衰亡之中。它们是另一种东西的瞬时影像。这另一种东西也是人本身的，它是非物质性的、永恒的、不会衰亡的，不妨称之为“灵魂”。灵魂是永恒的“形相”，其存在秩序超越时空，所有永恒不变的“形相”构成了终极实在。

熟悉基督教传统的读者一眼就能看出这一思想似曾相识。这是因为，在基督教产生并逐步发展的古希腊，占据主导地位的哲学流派正是柏拉图主义。

——节选自《古希腊人及其世界》

他（海德格尔）深深地认识到，自笛卡尔以降，认识论问题就一直是西方哲学的核心问题。笛卡尔哲学把现实分割为心与物、主体与客体、观察者与观察对象、认知者与认识对象。海德格尔年轻时也许并不知道美国的实用主义，但他对传统认识论的拒斥却与实用主义一脉相通。在他看来，传统认识论与现实相去甚远。人类并非远离世界并观察着世界。人类本身就是世界的组成部分，人类并不存在于另一种类型的世界中。进一步的认识会发现，核心问题不是知识，而是存在，是实存。

…………

萨特最重要的贡献，也是其哲学最为人所称道的，是他极力宣扬个人自由。他指出，在上帝死了的世界，我们无路可走，只有做出选择，才能创造自身的价值。做出选择也就为生活奠定了基本原则。做出选择也就能够看出人格的发展过程：我们创造了自身。

面对选择和责任，许多人感到莫名恐惧，认为既有的规范和原则已经注定了自己的命运，因此逃避选择和责任。萨特却把这称为“坏的信仰”。他认为，一个人事实上“完全通过选择成为自己”，他必须尽全力进行选择，并遵从——萨特称之为“认同”——这种选择。

——节选自《20世纪哲学》

阅读感悟

很多学者都说，哲学就是哲学史。一般读者总是对理论敬而远之，各种入门普及读物都在用各种方法试图解决这个问题。本书作为哲学普及读物，用多元的素材、灵活的排版和优美的装帧来解决晦涩枯燥的问题，它比《苏菲的世界》更专业、更明确，但并不深奥、枯燥，它比罗素的《西方哲学史》更简明、更宽泛，但并不因为普及而简陋或不专业，读完后能让人产生把书中提及的哲学经典都读一遍的愿望，换句话说，它是一本好的哲学入门书。

通过阅读本书，能够获得丰富的关于西方哲学史的知识，同时还能了解历史、艺术、科学史的大致轮廓。如果结合《苏菲的世界》《西方哲学史》《科学的旅程》《西方文学十五讲》《全球通史》等书籍，可以帮助我们构建起关于西方世界和西方文明的基本认识，这也是阅读此书的另外一种收获吧！

拓展阅读

1.《大问题——简明哲学导论（第九版）》：［美］罗伯特·所罗门、［美］凯思林·希金斯著，张卜天译，广西师范大学出版社2014年11月第4版；

2.《哲学的故事》：［美］威尔·杜兰特著，蒋剑锋、张程程译，新星出版社2013年4月第1版。

《苏菲的世界》

基本信息

作　者：[挪威] 乔斯坦·贾德

译　者：萧宝森

出版社：作家出版社

版　次：2007 年 10 月第 1 版

图书经纬

乔斯坦·贾德（Jostein Gaarder），生于 1952 年，挪威小说家、儿童文学作家。贾德出生于挪威首都奥斯陆，曾在奥斯陆大学攻读语言学及神学。1981 年始，在芬兰的高中教授哲学。1991 年成为全职作家，这一年他出版了《苏菲的世界》，是一部关于哲学史的悬疑小说。其他作品还有《纸牌的秘密》《玛雅》《比利牛斯山的城堡》《傀儡师》等。

《苏菲的世界》深受读者欢迎，一方面是因为它关于西方哲学的知识覆盖面广，通俗易懂；另一方面是因为它情节精彩，可以当小说来读。出版以来，拥有了无数读者，1991 年获得挪威“宋雅·赫格曼那斯童书奖”，1994 年获得德国“青少年文学奖”。至今，已被翻译成 53 种语言，印刷了将近 3 亿本。

贾德热心于公益，1997 年创立“苏菲基金会”，每年颁发 10 万美金的“苏菲奖”，鼓励以创新方式对环境发展提出另类方案或将之付诸实践的个人或机构。

内容梗概

小说全文43.5万字，共35章，绝大多数章节以哲学史上的人物或现象作为标题，如苏格拉底、雅典、文艺复兴、浪漫主义等。小说塑造了以苏菲、席德、艾伯特为中心的人物形象，勾画了三重世界：苏菲的世界、席德的世界、乔斯坦·贾德的世界。

小说主人公苏菲，是一个快满15岁的高中女孩。有一天，她连续收到了来自哲学老师艾伯特的三封信，前两封信各只有一个问题："你是谁?""世界从何而来?"第三封信更让人摸不着头脑：请把生日卡转交给席德。——苏菲并不认识席德，故忽略了第三封信，而她的哲学课程也就此开始。

苏菲的哲学课每次由几个问题引领，从原始神话开始，到德谟克里特斯原子理论、苏格拉底式反讽、柏拉图的理念世界、笛卡尔的"我思故我在"，挑战《圣经》的斯宾诺莎，等等。这些晦涩的哲学知识和思想让人目不暇接，但又不困难——哲学教师已把知识难度降到了高中生水平，并且把哲学理论根植到常识层面，和生活很贴近。哲学课进行的同时，怪事却不断发生：谁都不认识的席德不断出现，苏菲的丝巾被移到席德的世界，席德丢的东西莫名出现在苏菲的世界，让人好奇又有点恐惧，充满悬念。

直到有一天讲到柏克莱哲学，在柏克莱哲学启发下，苏菲和艾伯特得出了一个大胆的结论：他们只是虚拟人物，生活在一个虚构的世界，存在于席德父亲的意识中，被写进了一本书里，书要当成生日礼物送给席德。意识到这一点的苏菲和艾伯特决定要逃出这个虚拟世界，挑战自己世界中的上帝——席德的父亲。

小说的第二个女主人公是席德，与苏菲同龄，甚至长相也很相似，也是高中生，是联合国观察员少校兼作家艾勒特的独女。艾勒特写了一本《苏菲的世界》，作为送给女儿的15岁生日礼物。席德在阅读中领悟了很多哲学思想，并开始使用哲学的方式和父亲做游戏，思考生活和人生。

哲学课还在继续，但席德的生日快到了，意味着故事快要结束，两个女孩——苏菲和席德的故事也开始从各自独立变成了相互交叉进行。苏菲和老师开始加速利用哲学工具完成逃离：利用笛卡尔的“我思故我在”，苏菲确证了自己的存在；利用康德理性和自由的观点，哲学老师艾伯特看破了席德父亲创造出的种种光怪陆离的现象，利用弗洛伊德的潜意识理论来转移席德父亲的注意力，实行自己的逃跑计划。

小说结尾，在苏菲和艾伯特的努力下，书中世界渐渐扭曲，变得古怪而难以驾驭。最终，他们莫名逃出了书中世界，来到了席德所在的世界，但他们无法被人看到，也无法与这个世界的人建立任何互动和联系。

小说以开放式结局告终：小船上没人，缆绳却自己解开了，现实世界的席德似乎发现了父亲意识世界中艾伯特和苏菲的影子。意识世界和现实世界到底是否可以互动？这一永恒的问题只能留给读者去钻研、思考。

经典篇章

柏客来

本章是后半部以席德为叙述立场的第一章，席德作为本书第三位拥有叙述视角的人物登场，柏客来是席德家房子的名字。这一天席德满 15 岁，收到了父亲的生日礼物——父亲写的《苏菲的世界》。她开始认真地读小说，也就是前 22 章发生的故事——读者会恍然大悟：原来苏菲和艾伯特并不是真实存在的人，而是小说中的两个人物！这一章为前 22 章中出现的谜题给出了答案，也为后 12 章内容的展开留下了悬念，十分精彩。

康　德

本章有席德和苏菲的双重视角。席德通过生日这一天的阅读，了解到苏菲的世界发生的事情，而苏菲的世界在继续进行哲学课，艾伯特这一次讲了康德，讲了康德的生平故事，他所面对的哲学财产、神学局限，以及他所取得的成就：因果律和伦理学。在伦理学这一部分内容中，艾伯特着重向苏菲强调了康德“只有我们自己确知我们纯粹是为了遵守道德法则而行动时，我们的行为才是自由的”的观点。“因为当我们遵守道德法则时，我们也正是制定这项法则的人”，这一理念不但是哲学知识的介绍，还暗示了最终艾伯特策划的和苏菲逃离少校的意识世界的一种工具和方法，推动了小说情节的发展，值得仔细阅读与思考。

精彩语段

探讨哲学最好的方式就是问一些哲学性的问题，如：这世界是如何创造出来的？其背后是否有某种意志或意义？人死后还有生命吗？我们如何能够解答这些问题呢？最重要的是，我们应该如何生活？千百年来，人们不断提出这些问题。据我们所知，没有一种文化不关心“人是谁”“世界从何而来”这样的问题。

——节选自《魔术师的礼帽》

“在整部哲学史中，哲学家们一直想要探索人的本性。但萨特相信，人并没有一种不变的‘本性’。因此，追求广泛的生命的‘意识’是没有用的。换句话说，我们是注定要自己创造这种意义。我们就像是还没背好台词就被拉上舞台的演员，没有剧本，也没有提词人低声告诉我们应该怎么做。我们必须自己决定该怎么活。”

…………

“对，因为我们开始这门课程时所提出的问题到现在还没有人能回答。在这方面，萨特说了一句很重要的话。他说：关于存在的问题是无法一次就回答清楚的。所谓哲学问题的定义就是每一个世代，甚至每一个人，都必须要一再地问自己的一些问题。”

“蛮悲观的。”

“我并不一定同意你的说法。因为，借着提出这些问题，我们才知道自己活着。当人们追寻这些根本问题的答案时，他们总是会发现许多其他问题因此而有了清楚明确的解决方法。科学、研究和科技都是我们哲学思考的副产品。我们最后之所以能登陆月球难道不是因为我们对于生命的好奇吗?”

——节选自《我们这个时代》

阅读感悟

有人说《苏菲的世界》作为小说有太多知识充塞于情节和人物之间，说教又虚胖；作为哲学又用太多闲笔来讲述无关内容，并未能展开哲学宏伟的空间。但反过来说，相比一般小说，《苏菲的世界》充满了悬疑和智慧的锋芒，相比于哲学史或哲学书，它拥有有趣的情节，是一本极好的哲学普及书。

书中充满了问题意识、追问意识。苏菲在不断的思考之中意识到即使是席德的父亲——苏菲世界中的上帝，也可能只是存在于另一本书中的虚拟角色而已，而席德父亲的上帝，自然就是本书的作者乔斯坦·贾德了。但如果再多问一层，作者自己以及我们这些读者，会不会也是存在于某本书中的虚拟角色呢？这是一本需要读者不断追问的书，而追问本身就是学习哲学最基本的方法。

本书情趣和智慧并存，特别适合读者哲学入门、建立整体印象而读，而且可以读好几遍。哲学老师艾伯特好像一个桥梁，又像是一个楼梯，联结着高高在上的哲学世界和对哲学一片空白的苏菲、席德。读者跟着涉世未深的苏菲，一方面，被好奇心驱动，拾阶而上，去见识那些人类历史上最聪明、最智慧的哲学家曾提出的问题，去观察他们的回答，和苏菲一样陷入沉思或恐惧，高兴或迷失，获得更多关于存在的领悟和智慧；另一方面凭借常识，通过思考生活中的点点滴滴，进而思考自我和世界的关系，自我内部的关系，人生和宇宙。用中国古话说，就是知行合一吧！

拓展阅读

1.《西方哲学简史》：赵敦华著，北京大学出版社2001年1月第1版；

2.《西方哲学史讲演录》：赵林著，高等教育出版社2009年11月第1版。

《好好讲道理（第7版）》

基本信息

作　者：［美］T. 爱德华·戴默

译　者：刀尔登　黄　琳

出版社：浙江大学出版社

版　次：2014年8月第1版

图书经纬

T. 爱德华·戴默（T. Edward Damer），当代美国作家，现为弗吉尼亚州艾默里和亨利学院哲学教授。该学院成立于1836年，是弗吉尼亚州西南部最古老的高等教育机构，戴默从1967年开始在此工作，作为成绩卓著的高校教授，1991年被授予学院表彰奖。

本书在美国初版于2011年，是美国近30所大学通用的逻辑学教材。

内容梗概

美国大学教授怎样教大学生推理、论证？这本书将告诉你答案。

本书的英文名*Attacking Faulty Reasoning*（《反击谬误推理》），旨在教会读者如何更好地利用理性思维和锻炼思辨能力，学会用“好的论证”进行思考、决策、交际。

全书共十章，分为三部分。按照“好的论证”的标准、违反标准的类型、应对谬误的策略这一逻辑顺序展开。第一部分（前三章）是总纲，提出了全书的标准和范式。先介绍为什么需要好论证，树立了讨论、辩论的行为规范，然后介绍“理性行为的规范”和逻辑学训练的方法论，提出好论证的五大标准和12个原则，重点分析了好理论的特质、介绍好论证的标准和构建原则；第二部分（第四章至第九章），以谬误的特征、定义为基础，以构建良好论证作为信念与行动的出发点，总结了论证中出现的60种逻辑谬误及其反击方法，并在各章逐步扩展技巧，以大量范例进行练习，帮助学生完全掌握反击谬误论证的技能；第三部分（第十章），讲解议论文的写作方法。

作为一本教材，本书具有明晰的结构和可操作性，非常细致地区分了论证中的不同谬误，还提出了一套自己的分类原则，且举例生活化，易于理解，是学习辩证思维、逻辑思维、辩论探讨等不可多得的优秀参考书。

经典篇章

第三章 怎样才是好的论证

根据论证逻辑结构和前提，作者提出了良好论证的五大规范，并基于五大规范的实际应用，分别对逻辑结构合理、理论有助于结论的真实性、可接受和不可接受的情形、提供数量和质量都充分的论证、应包含可预见非难的辩驳等进行了具体阐释说明，使读者清晰地知道，如何在辩论中建立好的论证。本章后半部分提供了很多实际案例，让读者能够在充分练习的基础上，获得判断论证价值的能力。

第六章 违反相关原则的谬误

理论、实例和策略相结合是本书的最大特色。本章用较为通俗和清晰的定义，描述违反相关原则的每一种谬误，并给出有效的回击策略。如对“西维尔的考试问题”论证中的谬误分析如下：

西维尔在某个规模较小的大学读书，他是高级哲学专业的学生，他告诉巴克纳教授：“我的法学院入学考试考得不好。您瞧，我一直不擅长各种考试。考试并不能反映我真实的能力。而且，法学院入门考试前一天，我收到了家里的坏消息。下次我会考好。”

读者会觉得西维尔的论证中存在问题，可一时又不知道问题在哪里。这时，论证形式标准和清晰具体的论证原则就派上了用场，作者利用逻辑结构原则和标准，有效重构西维尔的论证结构，如下：

因为我不擅长考试（前提）

考试不能反映我真实的能力或我对材料的理解（前提）

考试前一天我接到了令我心烦意乱的坏消息（前提）

所以，我的法学院入门考试考砸了（结论）

西维尔的说法，主要是违反推理的相关性原则，分析他的说法，三个前提和结论的相关性都不强。用作者的话讲，西维尔是在合理化谬误，其特点在于运用一些貌似有理却虚假的原因替某个特殊的立场辩护，真实的原因却不在此，而是被不体面地遮盖起来了。在合理化谬误的过程中，西维尔希望这些借口可以掩盖难堪，抵消坏成绩给巴克纳教授留下的糟糕印象。

针对以上谬误，发现真实情况、引入备用论据是有效的回击策略。巴克纳作为经验丰富的教授，不会轻易相信学生的话，他清楚西维尔是哲学专业高年级学生，参加过许多次考试（真实情况）。教授会找出学生为何这么说的原因（即备用论据）——可能因某些题目太难，所以他可能会告诉西维尔，需要好好温习这部分内容，有助于下次获得好成绩。如果西维尔坚持为自己考试失败找借口的话，不仅不能让别人理解这个结果，还会阻碍他本人的进步。

精彩语段

每一个参加辩论的人，都要心甘情愿地接受一个事实，那就是：我可能是错的。每个人都要承认，在所涉的论题上，自己原先的观点并不一定是最无懈可击的观点。

…………

人是会想错的，这一点最有力的证明来自科学的历史。科学史家告诉我们，在科学的历史中，人们曾经信奉的每一种——是每一种——观念，经过后世的研究，或是错误的，或至少是有缺陷的。……

一旦了解这些事实，我们至少应该保有智识上的谦卑，愿意让自己的观念接受核查。

关键一点是，承认或谬原则是一个清晰的信号，表明我们真心愿意倾听他人的见解。诚实地承认自己一直坚持的立场有可能是错的，是件不容易的事，但对讨论问题来说，这是最好的开始。

——节选自《第一章 智识行为规范》

一个结构完整的论证标准形式如下：

1. 因为（前提），

获得“子前提”支持的某个结论（“子前提”）

2. 因为（前提），

获得“子前提”支持的某个结论（“子前提”）

3. 因为（明确的前提），

4. 而且［因为（隐含的前提）］，

5. 还因为（可辩驳的前提），

所以，（结论）。

像上面这种格式清晰、特征明显的论证我们几乎很难遇到，但任何一个论证，我们都可以按照有关的逻辑次序，厘清前提（有的还有“子前提”）和结论，对此进行重新构建……

…………

对其进行重构时，得用自己的话阐释原有论证中的每个部分（前提，补充前提，结论等），如此才能更简洁地展示它们。

——节选自《第二章 什么是论证》

阅读感悟

这几年，随着综艺节目《奇葩说》的流行，20 世纪 90 年代红极一时的辩论在当下社会又掀起一波热潮。大家对节目中优秀的专业辩手感到由衷的钦佩，他们清晰而有说服力的辩论，严密而凌厉的攻势，让人们目不暇接的同时，也非常想了解是什么造就了他们？答案就是逻辑思辨能力。

逻辑学被联合国教科文组织列为七大基础学科之一，它是哲学、数学、科学的基础。但逻辑学在国内教育中一直没能受到特别重视，尤其是大学以前的教育阶段，青少年的逻辑思维和说理论证能力并没有得到系统训练，导致逻辑思维能力、清晰说理能力、理性讨论问题的意识等都未能在早期培养起来。

调查发现，中国大学生平常看的大都是感性的书籍，如小说、散文等，且电子化时代的阅读趋向碎片化，读者特别需要一些理性类的书籍充实思想、平衡感情。通过了解逻辑学，有助于我们的生活、工作、学习；通过学习反击谬误的策略，能让我们减少谬误。

本书是美国大学的哲学教授根据教学实践撰写的“逻辑学训练”，秉承了美国实用主义哲学的传统，直指论证的核心内容——逻辑学，不但提供了逻辑表达的可掌握的形式，可拆分和重复的清晰的分解，还提供了练习步骤，是难得的优秀的学习逻辑思维的教科书。

拓展阅读

1.《简单的逻辑学》：［美］D. Q. 麦克伦尼著，赵明燕译，浙江人民出版社 2013 年 6 月第 1 版；

2.《逻辑学导论——推理、论证与批判性思维》：周建武主编，清华大学出版社 2013 年 2 月第 1 版。

《自控力》

基本信息

作　者：[美] 凯利·麦格尼格尔

译　者：王岑卉

出版社：文化发展出版社

版　次：2017 年 10 月第 1 版

图书经纬

凯利·麦格尼格尔（Kelly McGonigal），1977 年生，是斯坦福大学备受赞誉的心理学家，也是医学健康促进项目的健康教育工作者。麦格尼格尔吸收了心理学、神经学和经济学等学科的最新洞见，在斯坦福大学继续教育学院开设了一门叫作“意志力科学”的课程，参与过这门课程的人称其能够“改变一生”。这门课程就是《自控力》一书的基础。

内容梗概

没有自控力，就没有好习惯；没有好习惯，就没有好人生。我们的自控能力，在很大程度上会影响我们的健康、财务安全、人际关系和事业的成败，而自控力又是可以被训练出来的。《自控力》提供了循序渐进的方法，帮助我们认清自己的目标，增强自控力，并做出改变一生的决定——无论这个决定是减肥、管理收支、减缓压力、克服拖延症、成为好家长，还是找到你的生活重心。

《自控力》是一本自我培养、自我重塑的书，它让我们在更清楚地认识自我的基础上，找到方法、树立信心，最终成就更好的自己。

经典篇章

01 我要做，我不要，我想要：什么是意志力？为什么意志力至关重要？

在生活中，你是不是经常会冒出这样的念头：我，有两个！一个理性的我，一个感性的我。看到甜甜圈、巧克力，理性的“我”说，要健康、要减脂、要控制，不要吃；感性的那个“我”却说，没关系，开心最重要，吃！——吃，还是不吃？听从感性还是理性？这个过程，考验你的自我控制能力。

该章从大家都很熟悉的问题说起，明确提出了两个自我的概念，即任性的自我和控制的自我。同时，作者还用通俗的语言告诉了读者增强自我意识的有效方法，这些方法包括做决定的起始、意义、想法、感受。在这个过程中，训练大脑即增强自控力。通过阅读，读者可以快速进入主题，了解自我控制的基础与原理。

06 “那又如何”：情绪低落为何会使人屈服于诱惑？

情绪低落的时候，你会怎样让自己高兴起来？吃东西、逛街、购物、上网……这些都是大家很熟悉的缓解压力的方法。这些方法是否可以真正地缓解压力？作者给出的答案是：不可以。不仅不可以，反而会随之带来更多的压力。

该章中，作者针对消极情绪提出了独特而有效的解决方式。这种方式主要包括锻炼、阅读、听音乐。这种方式与吃东西、购物等方式最大的区别是，它有自有意志力的控制和参与，在自我谅解、不对自己太过苛刻的基础上，又不会导致自我放纵。消极的情绪，在自控力参与的基础上，可以通过积极的方式得到有效调整。

08 传染：为什么意志力会传染？

提到“传染”这个词，我们第一时间想到的是疾病。其实，具有传染性的不仅是疾病，还有生活习惯、思维方式，当然还有意志力。生活在群体中的我们，每个人都是传染源和被传染者，且关系越是紧密，传染力会越强。不过，“传染”这个词用在意志力上，它本身可以是个中性词，意思是行为、情绪的扩展与延伸。切断负面生活习惯、思维方式的传染，强化正向意志力的控制，比如通过增强自豪感的力量，把个人挑战变为集体项目，“传染”也会演化为一种鼓舞的力量。

精彩语段

让我们回到现代社会来看看。意志力不但区分了人和动物，也区分了每一个人。每个人的意志力都是与生俱来的，但有些人的意志力更强。无论从哪个方面看，能够更好地控制自己的注意力、情绪和行为的人，都会活得更幸福。他们的生活更快乐，身体更健康，人际关系更和谐，恋情更长久，收入更高，事业也更成功。他们能更好地应对压力、解决冲突、战胜逆境，活得也更长。顽强的意志力是一个人最突出的优点。自控力比智商更有助于拿高分，比个人魅力更有助于领导别人，比同理心更有助于维持婚姻幸福。(没错，维持婚姻的秘诀就在于学会闭嘴。) 如果你想让生活变得更美好，那就从意志力入手吧。

——节选自《01 我要做，我不要，我想要：什么是意志力？为什么意志力至关重要?》

如果你想立刻提高意志力，那么最好出门走走。科学家认为，5 分钟的“绿色锻炼”就能减缓压力、改善心情、提高注意力、增强自控力。“绿色锻炼”指的是任何能让你走到室外、回到大自然怀抱中的活动。好消息是，“绿色锻炼”有捷径可走。短时间的爆发可能比长时间的锻炼更能改善你的心情。你用不着大汗淋漓，也用不着精疲力竭。低强度的锻炼，例如散步，比高强度的训练有更明显的短期效果。以下是一些你在 5 分钟“绿色锻炼”中可以尝试的活动：

* 走出办公室，找到最近的一片绿色空间。

* 用 iPod 播放一首你最喜欢的歌曲，在附近街区慢跑。
* 和你的宠物狗在室外玩耍（你可以追着玩具跑）。
* 在自家花园里找点事情做。
* 出去呼吸新鲜空气，做些简单的伸展活动。
* 在后院里和孩子做游戏。

——节选自《02　意志力的本能：人生来就能抵制奶酪蛋糕的诱惑》

为了让自豪感发挥作用，我们必须认为别人都在监视自己，或我们有机会向别人报告自己的成功。市场研究人员发现，人们在公开场合更愿意购买绿色产品，比他们私下网购时买得多。买绿色产品是一种向别人展示自己很无私、很有思想的方法，我们想要社会认可自己这种高尚的购买行为。如果没有这种预期的驱使，大多数人可能都不会去保护树木。这个调查指出，让自己坚定决心的有效策略是——公开你的意志力挑战。如果你相信别人会支持你走向成功并观察你的行为，你就会更有动力去做正确的事。

——节选自《08　传染：为什么意志力会传染?》

阅读感悟

看了这本书，很多人都会躺枪。比如生活中有“拖延症”的你，比如总是控制不住地走神的你，再比如无数次立志又无数次放弃的你……太多此类的“比如”总会在你我身上发生。

到底哪里出了问题？看了这本书，大家会明白一个关键的问题，那就是，我们太多的失败，其实都是败给了自己的自控力不足。让人欣慰的是，自控力是可以通过一系列切实可行的方法训练出来的。以前不懂如何控制自己，总是把努力和痛苦作为同义词，总觉得控制自己是件不快乐的事。但作者告诉我们，坚持进行训练、跨出自我舒适区，以后的行为都会变成自然。自律成为习惯，你就可以轻松掌控自己的人生。

暂且不论这门课程、这本书能否真的改变人的一生，但自控力确实可以为我们带来一个全新的生活。通过实践这本书中所提供的培养自控力的策略，读者可以尝试让生活发生积极的改变。比如通过自控力挑战训练，我们可以解决拖延症的毛病；再比如说，根据自控力波动规律和肌肉模式理论，我们可以调整具体工作方法，每天早上把当天的工作按照复杂程度列表，把最复杂和最不易完成的工作放在自我控制力最强的时段，也就是上午的10点—12点之间来完成，这样做会大大提高工作效率和准确率。

行动起来，希望这本书对你有用。

拓展阅读

1.《意志力》：［美］罗伊·鲍迈斯特、［美］约翰·蒂尔尼著，丁丹译，中信出版社2017年9月第2版；

2.《意志的力量——自控力练习》：［美］弗兰克·哈多克著，春天编译，北京大学出版社2017年6月第1版。

历史、传记

《万历十五年》(增订本)

基本信息

作　者：[美] 黄仁宇

出版社：中华书局

版　次：2007 年 1 月第 1 版

图书经纬

黄仁宇（1918—2000），美籍华人，教授、学者，湖南长沙人。1936 年考入天津南开大学电机工程系，后赴美研习历史，于一番思索中提出“大历史”观，主张要从“技术上的角度看历史”，而不能简单地以道德评价笼罩一切。代表作品有《十六世纪明代中国之财政与税收》《万历十五年》《中国大历史》等。

《万历十五年》融黄仁宇数十年人生经验与治学体会于一体，是他的成名作。在本书中呈现出的另类史学写作方式，受到不少写作者和读者的青睐与追捧。它虽是一部史学著作，影响力却早已超出史学界，成为众多作家、学者、企业家、高校师生的案头必备书，另有日文、法文、德文等版本。

本书英文版推出后，被美国多所大学采用为教科书，并两次获得美国书卷奖历史类好书的提名。中文版入选《新周刊》和《书城》“改革开放 20 年来对中国影响最大的 20 本书”。

内容梗概

全书以人物为主线，分为七个章节，每一个章节都有一个主角，而这些主角的选择又涉及社会不同的阶层，构成了明代中晚期社会结构的一个缩影。七个章节分别写了最高统治者万历皇帝、大学士申时行、首辅张居正、模范官僚海瑞、抗倭英雄戚继光、自由派知识分子李贽，有他们的现实人生，亦有他们的心路历程。同时，作者也写出了他们之间存在的重重矛盾，如皇帝与群臣的矛盾、保守派与自由派的矛盾、文官与武官之间的矛盾，等等。无论是皇帝还是官僚，将军还是知识分子，都各有自己的理想，又都有自己的局限，最终在相互制衡、冲突中彼此消耗，导致了整个国家的全面平庸与危机，明朝逐渐走向衰亡的趋向似乎不可避免。

《万历十五年》虽然是横断面的书写，却有着宏阔的历史纵深度，作者以万历十五年这一看似平常的年份为切入点，打开了明朝政治社会的万象，切中了一个朝代无法自解的矛盾肯綮。另外，作者又用"梦幻般"的笔触，既敏感又客观冷静地在一定程度上还原了历史，使读者能够触摸到历史真实的脉搏，感受到一个朝代的呼吸。

经典篇章

第一章　万历皇帝

万历皇帝，即明神宗朱翊钧。万历（1573—1620），是明神宗的年号，为明朝使用时间最长的年号，共48年。作为中国历史上颇有争议的一位皇帝，万历皇帝的一生颇具传奇色彩，幼年登基、母亲听政、张居正辅政，成年亲政后挥霍无度。万历皇帝开启了明王朝衰落的序幕，而万历十五年正是一个微妙的转折点。

本章全面陈述了万历皇帝从登基伊始到成年的完整过程，还原了一个活生生的作为"人"的万历皇帝，读者从中能看到历史，更能看到历史中的人性。同时，还简要交代了首辅张居正的个人新政意志和文官集团在当时的巨大作用，为全书的展开铺垫了全景式背景。

第六章 戚继光——孤独的将领

本章以客观的态度叙述了武将戚继光的人生历程、历史功绩，同时作者又以冷静的笔触分析了明朝文官与武将的关系，探讨了戚继光人生悲剧的根源和必然性。此外，作者还以丰沛的情感、深厚的笔力驾驭材料，以史家的视野透视历史，给读者呈现了一个不一样的戚继光。

精彩语段

皇帝是全国臣民无上权威的象征，他的许多行动也带有象征性，每年在先农坛附近举行“亲耕”就是一个代表性的事例。这一事例如同演戏，在“亲耕”之前，官方在教坊司中选取优伶扮演风雷云雨各神，并召集大兴、宛平两县的农民约二百人作为群众演员。这幕戏开场时有官员二人牵牛，耆老二人扶犁，其他被指定的农民则携带各种农具，包括粪箕净桶，作务农之状，又有优伶扮为村男村妇，高唱太平歌。至于皇帝本人当然不会使用一般的农具。他所使用的犁雕有行龙，全部漆金。他左手执鞭，右手持犁，在两名耆老的搀扶下在田里步行三次，就完成了亲耕的任务。耕毕后，他安坐在帐幕下观看以户部尚书为首的各官如法炮制。顺天府尹是北京的最高地方长官，他的任务则是播种。播种覆土完毕，教坊司的优伶立即向皇帝进献五谷，表示陛下的一番辛劳已经收到卓越的效果，以致五谷丰登。此时，百官就向他山呼万岁，致以热烈祝贺。

——节选自《第一章 万历皇帝》

今天，有思想的观光者，走进这座地下宫殿的玄宫，感触最深的大约不会是这建筑的壮丽豪奢，而是那一个躺在石床中间、面部虽然腐烂而头发却仍然保存完好的骷髅（明神宗）。它如果还有知觉，一定不能瞑目，因为他心爱的女人，这唯一把他当成一个“人”的女人，并没有能长眠在他的身旁。同时，走近这悲剧性的骸骨，也不能不令人为这整个帝国扼腕。由于成宪的不可更改，一个年轻皇帝没有能把自己创造能力在政治生活中充分使用，他的个性也无从发挥，反而被半信半疑地引导进这乌有之乡，充当了活着的祖宗。张居正不让他习字，申时行不让他练兵，那么他贵为天子并且在年轻时取得了祖宗的身份，对事实又有什么补益？富有诗意的哲学家说，生命不过是一种想象，这种想象可以突破人世间的任何阻隔。这里的地下玄宫，加上潮湿霉烂的丝织品和胶结的油灯所给人的感觉，却是无法冲破的凝固和窒息。他朱翊钧生前有九五之尊，死后被称为神宗显皇帝，而几百年之后他带给人们最强烈的印象，仍然是命运的残酷。

——节选自《第四章　活着的祖宗》

阅读感悟

《万历十五年》名气很大，但读起来却十分亲切顺畅。四天时间读完第一遍，再细想其中的情节脉络，不禁为作者的笔力所折服。

作者黄仁宇对明史颇有研究，但是他却不局限于传统意义上的历史观，而是提倡以“大历史”观去看待历史。作者在书中附录这样说：“中国的革命，好像一个长隧道，须要一百零一年才可以通过。我们的生命纵长也难过九十九岁。以短衡长，只是我们个人对历史的反应，不足为大历史。将历史的基点推后三五百年才能摄入大历史的轮廓。”这本书看似叙述1587年间的几段故事，但作者的立足点绝不仅仅止于明代这一横断面。横向，放眼全球，西方列强日渐崛起；纵向，以古为鉴，发人深思。作者写人物、写故事，其间错综相连，张居正、申时行、海瑞、戚继光、李贽，他们无论腐败或是清廉，无论权倾一时或是树倒猢狲散，大多都在历史传统习俗、道德、政治生活中煎熬，矛盾重重，没有一个功德圆满的。他们的个人理想、价值在一个黑暗大时代里被社会现实击得粉碎。个人之于时代，如沧海之一粟，都躲不开历史滚滚的浪潮。但历史终究不能湮灭人物，从本书中，我们可以品味着他们的人生酸楚，更能发现隐藏于历史人物背后的人性魅力与智慧光辉。

拓展阅读

1.《明朝那些事儿》：当年明月著，北京联合出版公司 2017 年 5 月第 1 版；

2.《细说明朝》：黎东方著，商务印书馆 2015 年 6 月第 1 版。

《南渡北归》

基本信息

作　者：岳　南

出版社：湖南文艺出版社

版　次：2015 年 8 月第 1 版

图书经纬

岳南，原名岳玉明，1962 年生于山东诸城，先后毕业于解放军艺术学院、北京师范大学鲁迅文学院，中国作家协会会员，中华考古文学协会副会长。代表作品有《南渡北归》《从蔡元培到胡适：中研院那些人和事》等。

《南渡北归》三部曲是首部全景描述 20 世纪中国最后一批大师命运的史诗巨著，该作品自出版后便不断加印，引起了社会的广泛关注，《亚洲周刊》评其为 2011 年全球华文十大好书之冠。

内容梗概

《南渡北归》三部曲叙述了抗日战争时期流亡西南的知识分子与民族精英多样的命运和学术追求。

第一部《南渡》在时间上聚焦全面抗战爆发前后，着力描述了中国知识分子和民族精英从敌占区流亡西南的故事。1937 年的卢沟桥事变拉开了大动荡的序幕，北平、天津沦陷后，为保存文化火种，北大、清华、南开等大学开始南渡西迁，由此开启了先长沙后昆明、蒙自办学的岁月。除北大、清华、南开等名校外，作品还讲述了中央研究院史语所、同济大学、中国营造学社的流亡与跋涉历程。

第二部《北归》聚焦抗战中后期至1948年末这一时期，着重呈现了流亡西南的知识分子们在这一时期的学术追求、思想变化、人生际遇。

第三部《离别》，该部分时间跨度较长，涵括了从抗战胜利到内战爆发以至解放后的漫长岁月。结束流亡回归故土，本该欢聚一堂、握手同心，但因内战的爆发、政见的不同，知识分子们不得不分道扬镳、忍痛别离，在海峡两岸各自守望。从南渡到北归再到别离，聚散离合中，知识分子们的命运巨变、价值选择、灵魂纠结在这部作品中得到充分展现。

经典篇章

南渡：第一章　往事再回首

1937年的卢沟桥事变，把中华民族推到了生死存亡的关键点。民族存亡之际，保护和抢救平津地区教育、文化界知识分子与民族精英变得十分紧要和迫切。该章以宏阔的视角描述了卢沟桥事变后地处平津的北京大学、清华大学、南开大学师生南迁的历程，给读者展示了一大批有骨气、有担当的知识分子在国难当头时的英雄本色。南开大学校园被日军炮火摧毁，黄钰生、杨石先等教授冒着滚滚浓烟在校内检点情况；北平沦陷，郑天挺不顾夫人新丧、子女年幼的悲痛与拖累，全身心投入保护校产和组织师生的安全转移中……正是这些人，让我们看到了教育界的精神、民族精英的气节。

北归：第十二章　闻一多之死

我们熟悉作为学者、诗人的闻一多，也了解热血“斗士”闻一多，但一般人仍不够了解他由“站在革命对立面”的学者一跃成为“革命斗士”的人生历程。“闻一多之死”一章，展现了闻一多思想转变的历程，真实还原了闻一多被刺事件，描述了一代大师的风骨及其落幕。

精彩语段

身材瘦小的王国维，脸庞黑黄，八字须，头戴瓜皮帽，身后拖着一根猪尾巴状的小辫子，一副颓丧萎靡的样子，属于现代文学与影视作品中塑造的典型的清朝遗老形象，看上去不是很酷，且有些丑陋。当年与王相识的鲁迅曾说他“老实到像火腿一般”. 胡适也曾直言不讳地说王国维“人很丑，小辫子，样子真难看，但光读他的诗和词，以为他是个风流才子呢!”正应了那句“人不可貌相，海水不可斗量”的古训，此人肚子里的学问，可谓如江河湖海，浩瀚无涯，并世罕有其匹。

1877 年出生于浙江海宁的王国维，早年立志研究哲学、美学，继而词曲，通过自己的天才加勤奋，精通英文、德文、日文等多种文字，对西方哲学、美学、文学，特别是苏格拉底、柏拉图、亚里士多德及后世的叔本华、尼采等大师的思想理论，有独特的研究和深刻洞见。凭借“独上高楼，望尽天涯路”“衣带渐宽终不悔”的求学治学精神，王氏经过多年苦心钻研，终成利用西方文学原理批评中国旧文学的第一人，对宋元戏曲史的研究更是独树一帜，达到了“蓦然回首，那人却在，灯火阑珊处”，只可意会不可言传的神奇境界。

——节选自《南渡：第一章　往事再回首》

同傅斯年一样，曾为盟军轰炸日本而躲在一间屋子里于地图上标记文物古迹工作数日的梁思成仍在重庆，他的好友费慰梅为此留下了永生难忘的精彩镜头：

> 思成和两位年轻的中国作家还有我，一起在美国大使馆餐厅共进晚餐。酒足饭饱，我们把藤椅拉到大使馆门廊前的小山顶上，坐在台地纳凉。那天晚上热得直冒汗，看长江对岸山上的灯亮起，像银河掉下来一片灯笼，圆光点点，童话般放着光。思成谈着很久很久以前泰戈尔访问北京的事。忽然间，他不说话了。他和其他在座的人就像猎狗一样，一下子

变得紧张而警觉。他们听到了什么声音，我也不得不静下来，用耳谛听。远远地，传来警报声。难道又有空袭？这是荒谬的，然而以他们每个人多年的亲身经历，对各种可能性都十分警觉。如果不是空袭，难道是在通知胜利？

在我们脚底下，胜利的消息似野火般蔓延了全城。在这高高的山坡上，我们差不多可以观察到整个过程。一开始是压抑的喊喊喳喳，或许是一些人在大街上跑，然后就是个别的喊叫声，鞭炮声噼噼啪啪响，大街早已热闹成了一片。最后四处都是一群群喊叫着、欢呼着、鼓掌的人们，好像全城在一阵大吼大叫中醒来。

——节选自《北归：第四章　胜利的前夜》

阅读感悟

阅读《南渡北归》，缘起于梅贻琦先生的一句名言："所谓大学者，非谓有大楼之谓也，有大师之谓也。"崇敬大师，在于他们的学术研究和人文情怀。在感慨与唏嘘中读完全书后，才发现震撼人心的不只是大师们的学术研究和人文情怀，更是他们每个人的人生遭遇，以及在其中表现出的人生境界。

在那些颠沛流离的艰苦岁月里，责任与担当从未因烽火连天的战乱而被抛诸脑后，对文化科技的研究热情从未因物资的匮乏等艰难困苦而有片刻偏离和松懈。在硝烟弥漫中，李济、董作宾、梁思永等考古人员依旧在田野间进行发掘工作，其发掘规模之浩大和发掘所得对我国历史文化的贡献令世人震惊；在撤往西南的长途跋涉中，教师们借机开展实地教学，地质学家袁复礼教授结合湘西黔东地形地貌，讲解河流、岩石的构造形成；闻一多指导学生收集当地民歌、民谣，研究不同民族语言，对风土人情进行写生；在战事连绵、人心惶惶、轰炸越来越密集的日子里，西南联大的师生们一边"跑警报"，一边继续上课，在战火纷飞中安下了一张张书桌。

究竟是什么原因能让他们在那个时代、那种环境下依旧如此的坚毅、自信与笃定？或许是他们能够坚守自己的初心，能守护自己内心的那份真实吧！不管何时，这个世界上缺的都不是完美的人，缺的是那种发自内心的真实、勇敢、善良、忠诚的人，“学为人师，行为世范”大致如此吧！

拓展阅读

1.《再见大师》：梁实秋、许倬云等著，岳麓书社 2015 年 6 月第 1 版；

2.《民国三大校长》：王云五、罗家伦等著，岳麓书社 2015 年 6 月第 1 版。

《邓小平时代》

基本信息

作　者：[美] 傅高义

译　者：冯克利

出版社：生活·读书·新知三联书店

版　次：2013 年 1 月第 1 版

图书经纬

傅高义（Ezra Feivel Vogel，1930—2020），1930 年生，美国哈佛大学费正清东亚中心（现为费正清中国研究中心）前主任，社会学家。1950 年毕业于俄亥俄州韦斯利大学，1958 年获哈佛大学社会学博士学位，后学习中文和历史，有哈佛大学“中国先生”之称，是享有世界声誉的中国问题专家。

《邓小平时代》是傅高义耗费十年时间完成的力作，被评论者称为研究邓小平的“纪念碑式”著作，中文版首版于 2013 年 1 月。2011 年，本书的英文版在美国发行，被誉为“了解当代中国的必备著作”。2012 年 3 月，该书击败基辛格的《论中国》，获得 2012 年莱昂内尔·盖尔伯奖。

作者写《邓小平时代》的初衷，是要帮助美国人更多地了解中国。美国前国家安全顾问布热津斯基就认为：“本书不仅是一部论述世界一流领导人的扛鼎之作，而且为 1978 年美中两国秘密进行的战略性和解，及其如何推动了中国国内的变革，提供了极为权威并引人入胜的解读。”

内容梗概

《邓小平时代》共23章，64.3万字，主要包含“邓小平的人生经历”“曲折的登顶之路　1969—1977”“开创邓小平时代　1978—1980”“邓小平时代　1978—1989”“邓小平时代的挑战　1989—1992”“邓小平的历史地位”六部分内容。

本书完整回顾了邓小平的一生，全景式地描述了中国改革开放之路。作者以丰富的国内外重要研究成果、档案资料和众多的独家访谈为基础，对邓小平个人性格及执政风格进行了深层分析，并对中国改革开放史进行了完整而独到的阐释。

全书人物、事件众多，既有对毛泽东、周恩来、邓小平、陈云等人相互关系的细致解读，又有对三中全会、中美建交、政改试水、经济特区、一国两制等重大事件和决策的深入分析。作者持论严谨、脉络清晰、观点鲜明、叙述生动，力图使人物言行符合历史情境，对改革开放的历史进程亦时有独特看法。

经典篇章

第1章　革命者、建设者、改革者，1904—1969

本章简要介绍了邓小平从1904到1969年这65年间不同人生阶段的主要经历，言简意赅又生动形象。在邓小平的角色从革命者到建设者和改革者的变化中，读者可以清晰地看到他作为时任中国最高领导人的能力和他个人信念及工作方式的形成过程。

第10章　向日本开放，1978

向日本开放，邓小平面对的困难是多重的。其中之一，就是他必须克服国人“同过去的敌人合作”产生的抵制。能否说服国人，需要政治勇气和决心。本章聚焦1978年，以“向日本开放”为题，重点介绍了邓小平确立对外开放的重要决策过程，让读者领略到一代伟人的理性、果决与智慧。

第 22 章 终曲：南方之行，1992

对如何加快中国经济的发展，邓小平有着战略性考虑。他坚定地认为，只有加快发展和开放才能维持民众的拥护，使国家得以生存下去。1992 年春天，邓小平以 87 岁高龄乘专列南下，为的就是点燃扩大市场开放和加快发展的大火。阅读此章，我们会对改革开放的初衷与来之不易有更深的认识。

精彩语段

1920 年，当 16 岁的邓小平登上一艘从重庆开往上海的汽船，开始他赴法之旅的第一段行程时，他是 84 个勤工俭学的四川学生中年龄最小的一个。旅途本身对他就很有教育意义。在上海逗留的一周，邓小平看到了洋人在他的国家如何像对待奴隶一样对待中国人。当经过改装的货轮“鸯特莱蓬”号驶往法国，途经香港、越南、新加坡和锡兰（今斯里兰卡）时，白人主子与当地劳工同样不平等的关系，也给邓小平和船上其他的年轻人留下深刻印象。

中国学生于 10 月 19 日抵达马赛时，据当地报纸报道，这些学生身穿西装，头戴宽边帽，脚蹬尖头皮鞋；他们默默无语地待在那里，但看上去很聪明。他们先乘车去巴黎，次日便被分配到一些中学接受专门的法语和其他科目的培训。邓小平等 19 人被安排到诺曼底的巴耶中学。

——节选自《第 1 章 革命者、建设者、改革者，1904—1969》

作为根深蒂固的实用主义者，邓小平个人不难对国家利益做出冷静判断并采取相应的行动。他年轻时曾激烈抨击日本和其他帝国主义者。但是当他担任要职时，他会依据所看到的国家利益变化而审时度势。对于资本家和资本主义国家不懈地追求自身利益这一点，他不存有任何幻想；并且在与之合作时，他会坚决捍卫中国的利益。但是在 1978 年，日本和美国警觉到苏联的扩张，都想让中国进一步疏远苏联，这就为邓小平带来了一个可能合作的机会。

对邓小平而言，要说服中国那些充满激情的爱国者，让他们向日本学习，是需要政治勇气与决心的。尼克松总统之所以有政治基础来和曾是旧敌的中国发展关系，是因为他已向人们证明自己是坚定的反共派；同样，邓小平本人是参加过十四年抗战的军人，他一样有坚实的政治基础，能够采取大胆的措施改善中日关系。

——节选自《第 10 章 向日本开放，1978》

1981 年 1 月 4 日，里根宣誓就职的前几天，邓小平会见了共和党参议员特德·史蒂文斯（Ted Stevens）和“二战”期间援华的美国空军飞虎队英雄陈纳德将军的华裔遗孀陈香梅，向他们摆明了自己的态度。他知道陈香梅是台湾的朋友、里根就职委员会的成员，他警告她说，假如美国鼓励台湾独立，将会给中美关系造成严重后果。邓告诉客人，他希望看到中美关系向前发展，但是中国对里根的一些言论感到忧虑。他说，他知道竞选人在大选前说的一些话与当选后的实际做法会有所不同，不过因为美国有一家报纸断言只要美国采取反苏立场，中国便有求于美国，对此他必须做出澄清。他承认那家报纸所说的一点，即中国确实是个穷国，但除此之外该报纸的言论全是错误的：中国靠自己的力量取得了独立，它绝不会低三下四有求于人，它会坚持自己的观点——就算美国采取坚定的反苏立场，中国也不会在台湾问题上忍气吞声。

——节选自《第 17 章 台湾、香港以及西藏问题》

阅读感悟

这是一部有分量的书。本书综合了各方面的资料，包括中国已公开的资料，如《邓小平年谱》《邓小平文选》等，各种纪念、回忆文章，外国政府公布的文件以及会见过邓小平的外国人的记录；尤为难得的是，作者对很多中国高级干部的子女和曾在邓小平手下工作过的干部进行了访谈，同时还访问了一般不容易接触到的一些西方特别是美国、日本的官员，极大增加了本书的可信度。

这部书告诉我们，中国社会发展的道路从哪里来，到哪里去，今天的中国为什么是这样的，明天的你我将是什么样的。读懂《邓小平时代》，读懂那段历史，就能读懂“仍然生活在邓小平时代”的我们的现在和未来。

拓展阅读

1.《我的父亲邓小平——“文革”岁月》：毛毛著，中央文献出版社2000年6月第1版；

2.《历史选择了邓小平》：高屹著，武汉出版社2012年3月第3版。

《习近平的七年知青岁月》

基本信息

作　者：中央党校采访实录编辑室

出版社：中共中央党校出版社

版　次：2017 年 8 月第 1 版

图书经纬

《习近平的七年知青岁月》最初是中央党校策划组织的系列采访实录，从 2016 年 11 月底到 2017 年 3 月中旬，在中央党校《学习时报》连载。连载刊出后，引起强烈社会反响。应读者要求，中共中央党校将这 19 篇访谈稿重新编排，辑为此书。

《习近平的七年知青岁月》一书不仅讲述了习近平同志的故事，更是当代青年树立正确人生观、励志成才的鲜活教材，是党员干部锤炼党性、提升素质的生动范本，也是国际社会全面深入了解中国共产党领导人的珍贵历史资料。

内容梗概

1969 年 1 月，不满 16 岁的习近平，来到陕西省延川县文安驿公社梁家河大队插队落户，直至 1975 年 10 月才离开，前后近 7 年。

《习近平的七年知青岁月》前后共采访了 29 人，形成 19 篇文章，是一部精心策划、采访扎实的作品。全书共分三个部分——《知青说》《村民说》《各界说》，记录了曾经同习近平总书记一起插队的北京知青，同他朝夕相处的当地村民，同他相知相交的各方面人士讲述的历史真实事件。图书还选用了76幅珍贵图片，其中大部分为首次公开发表。

本书通过讲述人的回忆，用真实的历史细节，还原了习近平同志当年“苦其心志，劳其筋骨，饿其体肤，空乏其身”的历练故事，再现了习近平同志知青时期的艰苦生活和成长历程，展示了青年习近平矢志不渝的理想追求、爱国为民的家国情怀、勤奋好学的进取精神、求真务实的良好作风、吃苦耐劳的优秀品质。

经典篇章

知青说

本篇从知青的视角回顾了习近平知青岁月的开始，再现了他在梁家河的点点滴滴，让读者看到了带领群众干实事的青年习近平。

作为一名知青，习近平把自己看作黄土地的一部分，他突破困境、善于学习、坚持读书，他将为群众做实事作为自己不变的信念，在梁家河扎下了自己的创业之根。

各界说

本篇从社会各界人士的视角讲述了习近平的七年知青岁月，其中有对知青上山下乡大背景的理解，更有对时代与命运关系的深刻体悟。

“年龄最小、去的地方最苦、插队时间最长的知青”，这是何毅亭对习近平的评价。但是，在最艰苦的地方，习近平吃了种种苦，克服万般难，立志办大事。正因为如此，陕北七年成了习近平一生最宝贵的财富，也铸就了习近平治国理政思想的历史起点。

精彩语段

1973年后半年，近平在赵家河当社教干部，有一天他回到梁家河，吃饭的时候他问我（雷平生）对将来有什么打算。我说：“我还是想上大学。”当我问他的想法时，近平说：“我1974年不上大学了。”我感到很突然，问他说：“1974年招考工农兵学员，可是个难得的机会，你为什么不上了？”近平说：“我到梁家河毕竟好几年了，老乡对我不错，我不能就这么走了，得帮助老百姓做点事儿。”

…………

40多年以后的一个机会，近平和我谈起当时他的思想转变过程。他说，当年他思想上准备在陕北当一个农民，并非虚言。当他下决心回梁家河挑重担前，曾长时间躺在土地上，望着蓝天，下决心像父兄一样好好在农村干一场，这辈子就当个农民吧！

——节选自《知青说》

我（吕侯生）是1955年生人，比近平小两岁。因为我没上过几天学，不识字，年纪又小，没啥见识。我心里就想，近平拿这么多书，死沉死沉的，既不能蒸着吃，也不能煮着吃，成天看这些书，有啥用呢？

乡亲们都知道近平看书多，肚子里的墨水多，就经常到他住的窑洞来，跟他拉话，让他给我们这些村里人侃大山。近平给我们讲北京是什么样的，有什么名胜古迹。我们原先都是从那些宣传画上看到过天安门、人民英雄纪念碑、人民大会堂、颐和园，等等。听他一讲，我们印象就更深刻了，还知道了很多宣传画上没有的地方。

我们问近平，北京的汽车多不多？近平说，北京汽车挺多的，不但小轿车多，吉普车、大卡车、面包车也多，还有那种大公共汽车，定点停靠，买票上车，车上能乘坐几十个人。当时，我们村里人到过县城的都很少，见过大客车的更是寥寥无几，听了近平的描述都很吃惊。

——节选自《村民说》

梁家河的经历是习近平总书记治国理政实践的开端。他曾经讲道：“七年上山下乡的艰苦生活对我的锻炼很大。最大的收获有两点：一是让我懂得了什么叫实际，什么叫实事求是，什么叫群众。这是我获益终生的东西。二是培养了我的自信心。”他最先提到的“实际”“实事求是”都是实践的具体表现。唯有实践，才能认识到实际；唯有实践，才能做到实事求是。

1979年，习近平从清华大学毕业后，到中央军委办公厅工作，担任当时国防部长、中央政治局委员耿飚的秘书。对一般人来讲，给国防部长当秘书是一件多么光荣、多么有前途的事情。然而，习近平在梁家河树立了“为人民办好事”的理想，这个理想始终没有改变，实践的过程也始终没有停止，因此他主动提出到基层去。1982年3月，他到河北正定县担任县委副书记，再次回到基层，回到群众之中。

——节选自《各界说》

阅读感悟

这本书以图文并茂的方式真实还原了习近平总书记奋斗的青年时代，以引人入胜的故事讲述总书记坚定的共产主义信仰、对党一以贯之的忠诚热爱、富民强国的抱负担当、一心为民的深厚情怀，为所有青年人立起了榜样。

花无百日红，人无再少年。一样的青春年华，我们都需认真思考，新时代的青年人如何做到青春无悔？总书记七年知青经历中，最让我佩服的是他的态度，一丝不苟、踏实生活的态度。当不满十六周岁的少年习近平初到梁家河村时，他不知道怎么干农活，不知道自己要在山村里待多久，也不知道自己的未来，但他不骄不躁、踏踏实实，带领村民劳动，一步一个脚印地在梁家河留下深深的印记。

每个人，都有自己人生的“梁家河”，也都要过各种各样的“关”。通过阅读《习近平的七年知青岁月》，我们会愈发明白，青春是用来奋斗的，汗水和坚持，是扣好自己人生第一粒扣子的关键。

拓展阅读

1.《习近平谈治国理政》（第二卷）：习近平著，外文出版社2017年11月第1版；

2.《之江新语》：习近平著，浙江人民出版2007年8月第1版。

《长征》

基本信息

作　者：王树增

出版社：人民文学出版社

版　次：2006 年 9 月第 1 版

图书经纬

王树增，1952 年生于北京，少将军衔，著名军旅作家，国家一级作家。著有长篇纪实文学《长征》《朝鲜战争》《解放战争》《抗日战争》，长篇历史随笔《1901》《1911》，开创了全新的战争史写作范式，也为战争文学树立了新标杆。

《长征》自 2006 年问世以来，曾获中国人民解放军文艺大奖、中国出版政府奖、全国五个一工程奖、鲁迅文学奖等。

内容梗概

《长征》共 18 章。从第一章“突出重围”到最后一章“江山多娇”，完整讲述了长征的伟大历程，是首部用纪实方式全面反映长征的文学作品。

十万大军、无数老幼，一路翻山越岭、一路迷茫困惑、一路矛盾斗争、一路绝望与期望、一路疾病与饥饿，作家以宏大厚重的笔触展开了这一考验人类意志的大规模转移。这是一次空前的磨难，但在磨难中又折射出伟大的信仰之光！

《长征》以中央红军大规模军事转移为主要线索，同时也用很多笔墨全面记叙了红二、红六军团、红四方面军以及留在鄂豫皖根据地的红二十五军的军事转移行动，它们构成红军长征的重要部分。他们的转移与红军主力的转移同样悲壮、同样艰难万险，他们的信念同样坚定。

本书还从人类文明发展的高度重新认识了长征的重要意义，作者将长征放在人类历史的长河中进行考察，竭力提取长征这一伟大行动所蕴涵和映射的精神、信念，从而使长征精神具有"泛人类精神"的意味，也就使"长征精神"具有了普适性，弘扬了长征体现出来的不朽信念。

经典篇章

前言

长征是什么？它对我们中华民族又有什么样的意义？

长征，不止30万人，不止25000公里——万里远征，有极寒、伤痛，有骨肉分离，但更有一代中国人寻求中华民族复兴的如铁信念！坚定的信念、坚强的意志以及无与伦比的勇敢，是长征留下的最宝贵的精神财富。

第三章　十送红军

1934年10月，红军反围剿失利，红军主力8.6万人被迫长征。该章描述了中央苏区在第五次反围剿失败背景下红军的战略大转移，以深情浓重的笔墨书写了苏区百姓依依不舍、洒泪送别红军的场面。"十送红军"，见证的不仅有依依不舍的深情，更有红军和百姓坚定的决心及对胜利的期盼。敌人就要闯进来了，红军可以放弃眼前的一切，但是必须保留决心。艰难险阻，前路茫茫，唯有决心和意志可以重新赢得一切。

精彩语段

毫无疑问，毛泽东以其辉煌的人生成为二十世纪最伟大的中国人。他传奇般的革命史和异常丰富的心灵史交织在一起，已经成为当代中国乃至世界政治史中的一个热门话题，尽管这是已经四十一岁的毛泽东在广西北部那个叫文市的小城中无论如何也不会想到的。

那一刻的毛泽东面色黑黄，消瘦憔悴，手指被劣质的烟草熏得乌黑——整整四十一年后，美国作家特里尔是这样描述他所见到的八十二岁的毛泽东的："黑头发下温和的面容，柔软的双手，炯炯逼人的目光，保持头部稳定的宽大的双耳，在没有皱纹、宽阔而苍白的脸上尤显突出的是下巴上的黑痣。""脸的上半部分显示他是一个知识分子：宽阔的前额，探索的眼睛，长长的头发。下半部分则表明他是一个感觉论者：厚厚的嘴唇，高隆的鼻子，稚童般的圆圆的下巴。""在几十年的战争生涯中——这一战争摧毁了占人类五分之一人口的古老帝国，同时也使他家中四分之三的人以身许国——他却从未负过一次伤。""他活着。他以铲除所有的不平等让社会进入一个新时代为毕生使命，这位幸存下来的农家子弟看上去更像一位先祖而不是政治家。"——自二十世纪二十年代以后，无论是站在哪种政治立场上的人都无法否定这样一个事实：离开了这个身躯高大、行动缓慢、面容慈祥的中国人，叙述中国社会生活的变迁史乃至世界政治风云变幻的脉络，几乎是不可能的。

——节选自《第六章　橘子红了》

在中国革命漫长的征战岁月里，毛泽东与林彪之间有着令人难以置信的信任关系。林彪是中国工农红军中最年轻的军团将领，他所带领的第一军团是最能打仗的红军部队之一，与彭德怀率领的第三军团往往是中央红军的前锋部队。林彪给中央写信提出自己的不同意见已经不止一次了。早在井冈山时期，他就给毛泽东写信对红军的前途表示担忧，毛泽东用了整整五天的时间给林彪写了一封长达六千多字的回信，这就是后来被收入《毛泽东选集》中的那篇名为《星星之火，可以燎原》的文章。在那封信的开头，毛泽东写道："新年已经到来几天了，你的信我还没有回答。一则有些事忙着，二则也因为我到底写点什么给你呢？有什么好一点的东西贡献给你呢？"在这封信的最后，毛泽东充满深情地告诫林彪的话语后来传遍了整个中国："我所说的中国革命高潮快要到来，决不是如有些人所谓'有到来之可能'那样完全没有行动意义的、可望而不可即的一种空的东西。它是站在海岸遥望海中已经看得见桅杆尖头了的一只航船，它是立于高山之巅远眺东方已见光芒四射喷薄欲出的一轮朝日，它是躁动于母腹中的快要成熟了的一个婴儿。"

——节选自《第十二章　金沙水畔》

阅读感悟

美国国家安全事务助理布热津斯基走过长征后说："对崭露头角的新中国而言，长征的意义绝不只是一部不可匹敌的英雄主义的史诗。它的意义要深刻得多。它是国家统一精神的提示，也是克服落后东西的必要因素。"长征是人类历史上罕见的传播理想的远征，长征是中国工农红军走向崭新中国的起程，长征是中国献给世界的壮丽史诗。经过长征的洗礼，中国工农红军留下的是顽强的信念、坚强的意志，以及无与伦比的勇敢。在众多描写长征的作品中，这本书极具独特的阅读价值。

长征，对我们来说意味着什么？正如王树增所说："回首长征，我们始知什么是信仰的力量，什么是不屈的意志，什么是一个民族、一个国家、一支军队的英雄主义。"当安静的夜空被炮弹划破，信念和意志是反击的长枪。长征途中渡赤水、爬雪山、过草地，处处面临死亡的威胁，可红军战士从未退却。靠的是什么？就是信仰和意志！即使经过漫长岁月，长征、长征精神依旧为世人追寻。

大半个世纪以来，不同的国家、不同的民族、不同的年龄的人相继踏上这条漫长的征途。长征跨越时间、突破国界，它是全人类的精神的丰碑！长征，是我们中华儿女用双脚、用热血走出的举世震惊的奇迹。今天的我们，只能遥望那段苦难辉煌的岁月和路程，但信念不灭，壮志永存！

拓展阅读

1.《抗日战争》：王树增著，人民文学出版社2016年1月第1版；

2.《红军长征记——原始记录》：刘统整理注释，生活·读书·新知三联书店2019年6月第1版。

《全球通史——从史前史到21世纪》

基本信息

作　者：[美] 斯塔夫里阿诺斯

译　者：吴象婴　梁赤民　董书慧　王　昶

出版社：北京大学出版社

版　次：2006 年 10 月第 2 版

图书经纬

斯塔夫里阿诺斯（Leften Stavros Stavrianos，1913—2004），当代美国著名历史学家。1913 年出生于加拿大的温哥华，是希腊人的后裔。毕业于加拿大不列颠哥伦比亚大学，在美国克拉克大学获得文科硕士和哲学博士学位，因杰出的学术成就而于 1951 年获古根海姆奖，1953 年获福特天赋奖，1967 年获洛克菲勒基金奖。主要作品有《1453 年以来的巴尔干各国》《奥斯曼帝国——它是欧洲的病人吗?》《远古以来的人类生命线——新世界史》《全球分裂——第三世界的历史进程》等。

《全球通史——从史前史到21世纪》是斯塔夫里阿诺斯的集大成之作，也是一部 20 世纪 60 年代兴起的“全球史思潮”的真正开山之作，享誉世界几十年，被称为“经典中的经典”，问世以来不断再版，被翻译成多种文字，给斯塔夫里阿诺斯带来世界学术声誉。有人将《全球通史》与《梦的解析》《太阳照常升起》《时间简史》等书并列为 20 世纪影响世界的十本书。

内容梗概

全书120余万字，分上下两册。上册集中呈现了公元1500年以前的世界，下册介绍的则是1500年以后的世界。按照地域与时期，全书共分八编——“史前人类”“欧亚大陆的古典文明，公元500年之前”“欧亚大陆的中世纪文明，公元500—1500年”“1500年以前的非欧亚大陆世界”“公元1500年以前诸孤立地区的世界”“新兴西方的世界，1500—1763年”“西方据优势地位时的世界，1763—1914年”“1914年以来西方衰落与成功的世界”。

本书中，作者采用全新的史学观点和方法，即将整个世界看作一个不可分割的有机统一体，从全球的角度来考察世界各地区人类文明的产生和发展，把研究重点放在对人类历史进程有重大影响的历史运动、历史事件和它们之间的相互关联及相互影响上，努力反映局部与整体的对抗以及它们之间的相互作用。

本书材料新、范围广，涉及政治、经济、军事、文化、教育、宗教、科学技术、人口、移民、种族关系、道德风尚、思想意识等各个方面。作者吸收了当时世界历史学研究诸领域的新成就，并以较大篇幅叙述了第二次世界大战以来的世界历史，故全书读来颇觉新颖爽朗，有强烈的现实感。从文字内容来看，作者对庞杂的史料取舍恰当，对各种历史事件着笔简要，夹叙夹议，文字生动；从编写技巧来看，每章前冠以简明提要，承上启下，便于掌握线索。每章末附有推荐阅读书目，便于读者进一步研究。

经典篇章

第一编第1章　人类——食物采集者

该章主要包含三个方面的内容，即：人类的起源、食物采集者的生活、种族的出现。其中，第二个方面的内容是本章重点。

“食色，性也。”食物，是人类最基本的生活保障。和动物一样，原始人类是通过采集的方式来获得食物的。采集者的生活中，自然的规则就是“物竞天择，适者生存”，人类几百万年的演化史的开始就是谋求生存。在本章中，作者介绍了团队合作的必然性，也解释了旧石器时代的几百万年中男女平等观念深入人心的根本原因。同时，作者对人类学家关于现存部落群的研究和介绍的引用，也让本部分内容具有了时代感和现代感。

第四编第 15 章　非洲

该章从地理环境、农业发展、宗教信仰、商业贸易等方面，详细介绍了公元 1500 年以前的非洲在经济、社会和政治发面的发展。

在很多人的固有观念中，非洲是落后、与世隔绝的，但作者在这一章告诉读者：非洲不仅在地理上处于世界地图的中间位置，而且它也绝非与世隔绝。从 7 世纪开始，非洲在宗教的推动下，内外往来开始频繁，贸易的发展也促进了航海技术的进步，用于贸易的产品种类如繁星一般丰富耀眼。不仅如此，作者还通过阿拉伯旅行家伊本 · 拔图塔之口，转述了对黑人的评价：“黑人们具备一些极好的品质。他们很少是不公正的，而且，比其他任何民族更憎恨不公正的行为。”这一章打破了读者对古老非洲偏狭、野蛮的固有认识；同时也启发读者从地域、中西贸易发展的角度重新思考非洲在全球历史发展进程中的地位和作用。

精彩语段

孔子的学说在他生前并没有被普遍接受，更不用说贯彻了。但是，它们最终还是流行开来，并成为国家的正统信条。一个原因在于，他的观点从根本上说是保守的，他接受现状，这自然受到上层统治者的欢迎。另一原因是，他强调道德原则，认为道德原则是恰当地行使权力的先决条件。最后，孔子为在他去世两个半世纪后，因帝国政府的建立而变得不可或缺的官吏们提供了一门官场哲学。正如一位著名的儒家学者在提醒汉朝的缔造者时所说的，“马上得天下，安能马上治之？”

——节选自《第二编第 7 章　中国文明》

即使拥有军事天才和最佳的战争机器，如果不是恰好出现在适当的历史关头，成吉思汗也不可能成为世界的征服者。若在汉朝或唐朝，统一强大的中国可以轻而易举地制止他；最强盛时期的穆斯林阿拉伯人也能阻止他。但是，13世纪初期，欧亚大陆的力量对比却完全不同了。中国这时已分成三个小国：统治北方的金朝、控制南方的宋朝和党项人建立在西北的西夏王朝。中国的西面，是建立在绿洲城市如布哈拉和撒马尔罕的基础上的喀拉汗国；喀拉汗国西边，奥克苏斯河畔，是穆斯林王国花剌子模，再往西就是巴格达的阿拔斯王朝。但是，花剌子模和阿拔斯王朝这时均处于衰落时期。

——节选自《第三编第11章　突厥人和蒙古人的侵略》

在工业以前的时代，传统的印度社会的基本单位与包括欧洲在内的世界其他地区一样，是村庄。在村庄内部，关系重要的不是个人，而是联合家庭和种姓。这种组织的集体形式不仅是社会稳定的根源，也是民族衰弱的根源。对家庭、种姓和村庄的忠诚是主要原因，这种忠诚阻碍了民族精神的形成。

按古老的风俗，土地被认为是君主的财产；君主有权收取全部产品中的一部分或这部分等价物。这就构成田赋。田赋是国家岁入的主要来源，也是耕种者的主要负担。交纳给国家的产品份额因时期而不同：从六分之一至三分之一甚或一半。通常，以村庄为单位的集体负责以产品或货币来交纳田赋，农民只要交纳他的一份赋税，就拥有使用土地的世袭权利。

——节选自《第七编第30章　印度》

阅读感悟

读《全球通史》刚开始觉得枯燥，看到许多陌生的地理名词和人物，觉得就像在看天书一样。但耐着性子读下去，不认识的地理名词，就在地图上一个个地比照，不认识的人名，就通过网络查找，慢慢就发现了其中的乐趣。通过对同一时期不同地域历史的横向对比，同一地域历史发展趋势的纵向比较等，可以发现历史在时空发展中的某些相似性。

《全球通史》记叙了从世界上古老的史前时代一直到高科技时代的全部历程。作为在全球性思潮大背景下的一本书，《全球通史》有别于以前的史书对历史的描述和介绍。它不再局限于某一个国家、区域，而是站在全球的视角来看待问题，这样易于获得宏观印象，对人类历史上出现的共性问题有一个全局把握。对于大学生而言，阅读本书最大的意义就在于，打通国别、地域，消除头脑中中国历史与世界历史之间的“时间位差”，把对中国历史的理解和认识真正融入对整个世界历史的理解和认识中去。

虽然本书中一些关于中国的细节作者有些有误解，描写有失客观，如对中国女子缠足一事的介绍就有些误解。但整体来说瑕不掩瑜，这并不影响其成为一部伟大历史作品。历史本来就是一个不断完善不断修订的过程，我们需要以一种宽容的态度来认识史书，以一种批判吸收的心态来解读历史。

一切历史都是当代史，斯塔夫里阿诺斯的著作充分说明了这一点。从150亿年地球的历史，到5000年的人类文明史，有许多事件正在不断重复发生，很多看似历史陈迹的事今天还在上演，以后还将继续，这就是“史鉴”。《全球通史》就像是地球的一面镜子，回顾过往，回应当下，也照亮着人类未来的路。

拓展阅读

1.《历史研究》（插图本）：［英］阿诺德·汤因比著，刘北成、郭小凌译，上海人民出版社2005年4月第1版；

2.《世界史纲——生物和人类的简明史》：［英］韦尔斯著，吴文藻、谢冰心、费孝通等译，广西师范大学出版社2001年10月第1版。

《拿破仑传》

基本信息

作　者：［德］埃米尔·路德维希

译　者：梁锡江　龚　艳　周何法

出版社：浙江文艺出版社

版　次：2008 年 1 月第 1 版

图书经纬

埃米尔·路德维希（Emil Ludwig，1881—1948），德国作家，以脍炙人口的名人传记而享誉国际文坛。他大学时代攻读法律，25 岁后开始创作诗歌和剧本。第一次世界大战期间，他担任德国一家报社的驻外记者，继续从事文学创作。1920 年，因推出《歌德传》而一举成名，开创了传记文学写作的新流派。路德维希的代表作品有《拿破仑传》《俾斯麦传》《歌德传》《林肯传》《米开朗琪罗传》等。

《拿破仑传》是拿破仑传记中的经典作品之一，翔实的史实、细致入微的心理刻画与栩栩如生的人物描写完美结合，使本书兼具学术性与文学性。拿破仑代表着一个时代，被称为一代“军事巨人”，同时也是一个伟大的政治天才。作者通过丰富的史料，将拿破仑的伟大魅力和历史功过真实生动地展现在读者面前。本书自 1925 年首版后，几十年长销不衰，被誉为“影响历史进程的书”。

内容梗概

全书一共分为五章：“岛”“溪”“江”“海”“岩”，这五章也象征着拿破仑不同的生命阶段与处境。第一章，介绍了拿破仑的出生环境、学生时代的生活以及青年时代的梦想；第二章，讲述了拿破仑从崭露头角到走向权力中心的过程，此时他就像从山顶流下的小溪，逐渐汇聚力量变得强大；第三、四章，主要叙述了拿破仑远征俄国失败，被逼退位，然后被流放厄尔巴岛等一系列事件；第五章，讲述了拿破仑这颗伟大的帝星在圣赫勒拿岛的坠落。全书以时间为轴线，以史实做基石，以想象为补充，描述了拿破仑叱咤风云的一生。

本书有三个显著的特点。第一，将史实与心理分析有机结合起来。作者在后记中称，此书意在“描写拿破仑的内心历程”，但为了避免因此而产生虚构，他在写作时“始终忠于史实”，追求“真实”。第二，具有较强的可读性。作者笔法细腻，追求描述的传奇性。从拿破仑辉煌的军事成就，到他在囚禁地去世的传奇经历，再到穿插其中的爱恨情仇，都被作者展示得淋漓尽致。第三，每一章都以歌德的一段话开篇，给读者展示了同一时代、不同领域的两位天才的“对话”。

经典篇章

第一章　岛

本章从拿破仑的出生地科西嘉岛写起。科西嘉岛属于意大利，这里曾被法军占领。本章生动地讲述了拿破仑的家庭和他从出生到青少年的经历，多方位呈现了少年拿破仑的性格特质。“一个少妇身裹毯子坐在帐篷里，一边给孩子喂奶，一边听着远处的轰隆声。”这样的开篇，奠定了全书细腻动情的调子。美丽坚韧的母亲，从军习武的父亲，激荡变幻的时代，构成了拿破仑最基本的生活背景。从孤独、叛逆、胸怀大志的少年，到走入军队、拿起佩刀、走向高位的青年，拿破仑独特的个人气质、性格魅力，注定成为他人眼中的焦点。

科西嘉岛是拿破仑的故土，法国是他激荡人生的彼岸。他从父亲那里继承了想象力和稳重，从母亲那里继承了骄傲和勇敢，科西嘉岛赋予了他独特的童年，他对法国也充满了复杂的情感。“岛”构成了拿破仑人生与性格的底色。

第四章 海

本章讲述了拿破仑经历失败、走向战争神坛并最终败退的过程。从与欧洲哈布斯堡家族的联姻，到儿子的降生，再到应对多方的反抗，全方位呈现了辉煌与败退时刻拿破仑的真实内心世界。

一个人成功的道路上，从来都是苦难相随、荆棘遍布的。拿破仑走向战争神坛的过程，也并不是一帆风顺，但他悟性极高，头脑明晰且富于决断力，从一场战争到另一场战争，从一次胜利到另一次胜利。作者在讲述故事的同时，更为我们阐释拿破仑胜利背后的因素。拿破仑不仅是一位军事奇才，他的感情生活同样波澜壮阔，其与妻子约瑟芬之间复杂的感情纠葛，也是本章着重展示的一个内容。

第五章 岩

1815 年，拿破仑回到巴黎，不久在滑铁卢战役中惨败，使百日王朝彻底垮台。拿破仑宣布退位，离开皇宫和近卫军，并于 1815 年 10 月被流放到大西洋的圣赫勒拿岛。对很多读者而言，晚年拿破仑的生活是一个谜。从山巅至谷底、从壮年到残年，这种巨大的转变对拿破仑来说意味着什么？本章聚焦圣赫勒拿岛，通过大量的自然风景描绘和主人公的内心独白，再现了晚年时期拿破仑的自我反思，为我们解密了晚年拿破仑的生活。

精彩语段

没有人看见男孩露出过笑容。在同学们眼里，这个意大利人犹如半个野人，至少是个奇特的外国人。他几乎不会法语，这是他的敌人的语言，他似乎不愿屈尊去学。多么古怪的小矮个，多么古怪的名字！他的外套太长，身边总是没有零花钱，什么都买不起，却宣称出身贵族！那些来自达官显贵家庭的同学嘲笑他：科西嘉的贵族算什么呀！还有，要是你们真的英勇善战，为什么会被我们战无不胜的军队打败？

“我们是以一敌十。”男孩怒不可遏地喊道，“你们等着！等我长大后，一定会好好教训你们这些法国佬！”

——节选自《第一章　岛》

在米兰，他对士兵们说：“战士们，你们像一股湍急的溪流，从亚平宁山脉直冲而下……现在米兰是你们的了……我们是所有民族的朋友，那些布鲁图、西庇阿及其他伟人的后裔尤其是我们的朋友。重建古罗马的朱庇特神殿（the Capitol），在那里竖起英雄们的雕像，唤醒因遭奴役而昏睡了数百年的罗马民族——这就是你们的胜利果实，后世将对此惊叹不已！你们给这个欧洲最美丽的国家带来了全新的面貌，这是你们不朽的荣誉……等你们回到家乡，同胞们会指着你们说：瞧，他参加过解放意大利的战争！”

——节选自《第二章　溪》

这是他（拿破仑）生命的最后一年。无论发生什么事，他已经铁了心要留在岛上。没有人帮助他绿化这个岛。他争执了一年，要求屡屡遭拒。最后他决定自己建一座花园。要有一道半圆形的墙来遮阳挡风，同时也可阻挡那些看守的视线。他还挖了好几个蓄水池来积蓄雨水。在墙的内侧培土、种花，还栽了24株大树。有桃树、橘树，窗前还有一棵橡树。他在西班牙战争期间结识了一些英国炮兵。他们连同他的老朋友为他从好望角运来了树种。中国园丁、印度苦力、法国仆人、英国马夫都来做帮手。医生、蒙托隆和贝特朗也一块来帮忙。值勤的英国士兵走过来时，看见皇帝正从御厨大臣手中接过一块草皮，仔细铺好。拿破仑深知必须善待外国士兵。因此，他对于这些移植过的草坪也格外照顾，还亲自浇水。

工程历时七个月完工。这个小花园虽然建造得匆忙，但仍不失为一个奇迹。连总督的女儿也曾偷偷地跑来看过。这是拿破仑创造的最后的奇迹。

——节选自《第五章　岩》

阅读感悟

本书为双线结构，纵线以时间顺序描写拿破仑的一生，横线写每个时期拿破仑的战争事迹、生活琐事，纵横交错的写作方式使人物形象更加丰满、立体，视野更加开阔。叙述的同时，作者还用大量的人物语言及内心活动还原一个更真实、更贴近生活的伟人。

拿破仑被称为一代“军事巨人”，同时也是一个伟大的政治天才，他影响了一个时代。正如法国史学家乔治·勒费弗尔所说：“拿破仑撼动了欧洲各国的旧制度，并将近现代欧洲各国的新秩序的各项原则推广到了欧洲其他地区，大大加快了这一演变的过程。”历史造就了拿破仑，拿破仑也极大地推动了新旧秩序更迭的历史进程。

这是一个励志的故事。“不想当将军的士兵不是好士兵”，这是拿破仑的名言，更是他一生自强不息的写照。一个个子非常矮小的科西嘉青年，凭着“舍我其谁”的自信，身经百战，从一个小小的少尉一跃登上法国第一执政者。如同今天的我们，不管是工作还是生活中，总会遇到很多挫折、磨难，甚至有的是毁灭性的打击。即便如此，我们也绝对不能被打倒，要如拿破仑那样，在绝境中建造奇迹的花园！

这也是一个动情的故事。这一点尤其体现在他对法兰西的感情上，拿破仑曾说：“我只有一种爱情，一个情人，她就是法兰西。”但因为不是法兰西血统，他和法兰西、法兰西人民之间的相互指摘从未停止过。但生命的最终，拿破仑最大的惦念仍然是法兰西。这些情感融入战争和历史故事中，令人感慨、让人动容。

拓展阅读

1.《成为拿破仑》：［英］迈克尔·布罗尼斯著，李海、刘洋、韦乔钟译，华中科技大学出版社2018年7月第1版；

2.《拿破仑时代》（上、下卷）：［法］乔治·勒费弗尔著，上卷河北师范大学外语系《拿破仑时代》翻译组译、下卷中山大学《拿破仑时代》翻译组译，商务印书馆1978年10月第1版。

《富兰克林自传》

基本信息

作　者：［美］本杰明·富兰克林

译　者：蒲　隆

出版社：译林出版社

版　次：2015 年 1 月第 1 版

图书经纬

本杰明·富兰克林（Benjamin Franklin，1706—1790），美国政治家、物理学家，同时也是出版商、记者、作家、慈善家，美国独立战争时重要领导人之一，参与了多项重要文件的草拟。他发明了避雷针，最早提出电荷守恒定律。法国经济学家杜尔哥评价富兰克林说："他从苍天那里取得了雷电，从暴君那里取得了民权。"

《富兰克林自传》是富兰克林的一部代表作，该书 1771 年执笔，1788 年完成，前后历时 17 年之久。作为美国迄今为止最重要、读者最多的自传作品之一，无论从自传的角度还是从美国思想史的角度来看，这本书都具有划时代的意义。被誉为"改变了无数人命运的美国精神读本"。

内容梗概

在本书中，作者用了一种如诉家常的手法叙述了自己传奇的一生。富兰克林出身贫寒，12 岁时成为当印刷匠的哥哥詹姆斯的学徒，在詹姆斯出版的《新英格兰报》上，富兰克林开始成为撰稿人。后富兰克林因和兄长关系破裂而离家出走，辗转纽约、费城等地，从打工仔成为成功的老板，并通过刻苦自学，最终成为功勋卓著的政治家、有多项成果的科学家和成功的实业家。

本书是日记体，包含“四部日记”和“两封信”：第一部写于1771年英国南部的特怀福德村，在这一部分作者交代了自己的成长经历，即从一个印刷铺学徒到独立经营印刷工厂，创办讲读俱乐部等诸多事情；第二部写于1784年巴黎附近的帕西村，主要讲述了自己创办会员制收费图书馆的过程，提出了著名的十三种美德；第三部写于1788年至1789年5月底美国费城的市场街，描述了他的政治观、宗教信仰、编报心得、开办学校的经历等，其中以“致兰开斯特、约克、坎伯兰三县居民书”的形式，记叙了富兰克林为军队征集战马和马车的故事。第四部是前三部的补篇，描述了他后半生的一系列伟大成就，其中最后一篇因作者未完成就遗憾去世，仅介绍了他本人的第一次外交使命。

在本书中，富兰克林把自己成功的经验和失败的教训娓娓道来，整部自传既不哗众取宠，又不盛气凌人，在通俗易懂的叙述中不仅有睿智和哲理的火花，而且文字朴素幽默，叙事清楚简洁，使读者倍感亲切而易于接受。

经典篇章

第一部

富兰克林的父亲兴趣广泛，头脑发达，受人尊敬，在孩子眼中，就是一个值得崇拜的偶像。在他的影响下，富兰克林兄弟成为优秀的人才：约翰·富兰克林（本杰明最爱的哥哥）成了波士顿邮政局局长；本杰明·富兰克林对事业勤勤恳恳，靠自己的双手赚取财富，乐于结识朋友，与聪明、有学识的人会见，同有趣的人交谈。父亲的影响，促使他更快地提升自己，不断完善自己，最终取得一系列的成就。

第二部

本篇篇幅虽小，却是全书的精华。富兰克林参考他读过的书中所列的美德名目，结合自身情况，列出了十三条美德，并介绍了养成它们的方法。这十三条美德分别为节制、缄默、秩序、决心、节俭、勤奋、诚信、正义、中庸、清洁、平静、贞洁、谦卑。美德养成贵在坚持，同样也重在技巧，富兰克林用表格来监督自己每天的行为是否达标，这种方法今天依然适用，富有启发。

精彩语段

我想你也许愿意了解一些我父亲的体貌和性格特点吧。他体格健美，中等身材，比例匀称，结实有力。他心灵手巧，画儿画得不错，还懂一点音乐，嗓子清亮悦耳。有时候，忙了一天之后，到了晚上，他用小提琴拉着圣歌的调子，和着曲调唱着歌儿，真是动听极了。他还有一种机械天赋，间或使用一下别的手艺的工具，也是得心应手，驾轻就熟。然而他的不同凡响却表现在对一些需要慎重处理的问题，无论是私事还是公事，他都能达到透彻的理解，做出可靠的判断。他确实没有担任过公职，他子女多，要管教，日子紧，要拼搏，所以只好一心扑在生意上，不过，我清楚地记得，隔三岔五总有一些头面人物登门拜访，专门征求他对该镇或他从属的教堂事务的意见，并且对他的判断和建议表现出极大的尊重。平头百姓遇到什么困难，也常来找他出出主意，双方有什么事情争执不下，总要请他出面评评理。只要做得到，他总喜欢邀请某个明达的朋友或邻居来他家吃饭交谈，他总是注意引起某种巧妙或有用的话头，启迪他的孩子们的思想。这么一来，他把我们的注意力引向生活行为中善良、正义和谨慎之类的表现上，自然就不大留心桌子上的饭菜色香味如何，入时不入时，合口不合口之类的问题了；所以我从小到大，对这类事情不管不顾，摆在面前的无论是佳肴还是糟糠，我都无所谓；由于对这类事情不上心，所以时至今日，如果吃过饭才一两个钟头，有人问我吃了些什么，我很难说得上来。

——节选自《第一部》

有人也许认为这些区区小事，不值一提，何必放在心上。然而当他们想到尽管刮风天灰尘吹进一个人的眼睛，或者刮入了一家人的商铺，只不过是小事一桩，然而在一个人口众多的城市里，这样的事例不计其数，而又层出不穷，那就事关重大了，也许他们就不会痛斥那些人是吹毛求疵，小题大做了。人的幸福，因撞到千载难逢的大运而得者为数寥寥，由日积月累的小惠而生者比比皆是。如此说来，你若教会一个穷小伙如何刮脸，怎样保养剃刀，也许你对他一生的快乐做出的贡献胜于给他一千几尼。钱可以很快花光，剩下的只是胡花滥用的悔恨。但若教会他刮脸，他就免去了一连串的苦恼，不必对理发师苦苦等待，不用碰他们脏兮兮的手指，不用闻他们臭烘烘的气息，不必挨他们老刀子硬刮的疼痛。

——节选自《第三部》

阅读感悟

《富兰克林自传》不仅是一本越早读到越好的书，更是一本可以反复阅读的书。这是一代伟人本杰明·富兰克林用17年时间熬成的“人生鸡汤”，他想要把自己的精神财富惠及更多的后辈，正如书中所说：“期待后辈们能在我的经历中找到一些有用的东西，并对自己有所帮助。”

阅读过程中，哪些有用？读者完全可以自取。

首先，培养阅读的习惯。“每天匀出一两个小时，这样便在某种程度上弥补了我父亲一度想让我接受的高等教育的缺失。读书是我让自己享受的唯一乐趣。”作者对于阅读非常痴迷。在任何时候、任何地点，阅读总归是一件对的事。

其次，多和有见识的人、有趣的人交流。作者组织了以互相促进为目的的讲读俱乐部，其中的会员有证人契据誊写者、自学成才的数学家、测量员、鞋匠、工匠、商店职员等，这些来自不同行业的人，观念大相径庭，在各类观念碰撞下，每个人都能从别人身上学习。

最后，还要不断提升自我，只有自己优秀，才能够吸引优秀的人。当一个人具备一定的阅历、智慧并坚持学习思考时，他就会像超重体一样，吸引更多的有思想有价值的人，而且这个趋势会无限扩大。纵观富兰克林的一生，他乐于读书、交谈，为他人、社会、国家做出了许多贡献，这些经历让他的自身价值不断提升，从而不断吸引优秀的人在他的人生中给予他帮助。

这是一本有用的书，希望你早日遇到它。

拓展阅读

1.《林肯传》：［美］理查德·布鲁克海瑟著，谷华译，中国人民大学出版社2017年3月第1版；

2.《卡内基自传》：［美］安德鲁·卡内基著，亦言译，中国友谊出版公司2018年1月第1版。

政治、经济、社会

《乡土中国》

基本信息

作　者：费孝通

出版社：人民出版社

版　次：2008 年 10 月第 1 版

图书经纬

费孝通（1910—2005），现代著名社会学家、人类学家、民族学家、社会活动家，中国社会学和人类学奠基人之一。祖籍江苏吴江，1936 年赴英留学，1938 年获伦敦大学哲学博士学位，同年回国。先后任云南大学、西南联合大学、清华大学教授，清华大学社会学系主任、副教务长。主要著作有《江村经济》《乡土中国》《生育制度》等。

《乡土中国》是费孝通最重要的作品。该书收入的是作者 20 世纪 40 年代后期在西南联大和云南大学所讲“乡村社会学”课程的内容，应当时《世纪评论》之约而分期连载的 14 篇文章。本书首次出版于 1947 年，是学界公认的中国乡土社会传统文化和社会结构理论研究的重要代表作之一，也是当代大学生社会学入门的必读书目。

内容梗概

《乡土中国》一书收录了《乡土本色》《文字下乡》《再论文字下乡》《差序格局》《系维着私人的道德》《家族》《男女有别》《礼治秩序》《无讼》《无为政治》等 14 篇文章。文中分别从乡村社区、文化传递、家族制度、道德观念、权力结构、社会规范、社会变迁等诸多方面深度解剖了中国乡土社会的结构及其本色。

中国的基层在乡村，在《乡土中国》中，作者用通俗、简洁的语言对中国的基层社会的主要特征进行了概述和分析，全面展现了中国基层社会的面貌，生动揭示了现代人的“乡土”性从哪里来的问题。

经典篇章

乡土本色

何谓“乡土性”？本章从一个很简单的词汇——“土气”开始解读。人们提到“土气”这个词，似乎总是带着几分瞧不起的味道，但这个“土”字却没有错。“土”字最基本的意思是泥土，农业社会中，人们的生活离不开泥土，泥土、土地给中国社会的发展提供了最基本的保障，也滋养了中国人安土重迁、生于斯长于斯的特性。乡土性，是中国社会的底色。

家族

本章高屋建瓴，从历史发展的角度，用中西两种文化模式对比的方法，探讨了中国乡土社会中基本社群——“家”的性质，并进一步分析了“家”的结构与功能。与西方社会家庭以夫妻关系为核心不同，乡土社会中家族关系的主轴不是在平辈夫妇之间，而是父子、婆媳的长幼之间的辈分。这种纵向关系，决定了家庭中夫妇之间感情的疏离和淡漠。作者在社会调查的基础上，发现乡下夫妇大多是“用不着多说话的”。这一现象，也是由家族的结构和功能决定的。文章既充满了日常生活气息，又有中西文化特性和根源对比的理论分析，让人在亲切中又恍然有所悟，十分精彩。

精彩语段

靠种地谋生的人才明白泥土的可贵。城里人可以用土气来藐视乡下人，但是乡下，“土”是他们的命根。在数量上占着最高地位的神，无疑的是“土地”。“土地”这位最近于人性的神，老夫老妻白首偕老的一对，管着乡间一切的闲事。他们象征着可贵的泥土。我初次出国时，我的奶妈偷偷地把一包用红纸裹着的东西，塞在我箱子底下。后来，她又避了人和我说，假如水土不服，老是想家时，可以把红纸包裹的东西煮一点汤吃。这是一包灶上的泥土。——我在《一曲难忘》的电影里看到了东欧农业国家的波兰也有着类似的风俗，使我更领略了“土”在我们这种文化里所占和所应当占的地位了。

——节选自《乡土本色》

我们社会中最重要的亲属关系就是这种丢石头形成同心圆波纹的性质。亲属关系是根据生育和婚姻事实所发生的社会关系。从生育和婚姻所结成的网络，可以一直推出去包括无穷的人，过去的、现在的和未来的人物。我们俗语里有“一表三千里”，就是这个意思，其实三千里者也不过指其广袤的意思而已。这个网络像个蜘蛛的网，有一个中心，就是自己。我们每个人都有这么一个以亲属关系布出去的网，但是没有一个网所罩住的人是相同的。在一个社会里的人可以用同一个体系来记认他们的亲属，所同的只是这体系罢了。体系是抽象的格局，或是范畴性的有关概念。当我们用这体系来认取具体的亲亲戚戚时，各人所认的就不同了。我们在亲属体系里都有父母，可是我的父母却不是你的父母。再进一步说，天下没有两个人所认取的亲属可以完全相同的。兄弟两人固然有相同的父母了，但是各人有各人的妻子儿女。因之，以亲属关系所联系成的社会关系的网络来说，是个别的。每一个网络有个“己”作为中心，各个网络的中心都不同。

——节选自《差序格局》

中国正处在从乡土社会蜕变的过程中，原有对诉讼的观念还是很坚固地存留在广大的民间，也因之使现代的司法不能彻底推行。第一是现行法里的原则是从西洋搬过来的，和旧有的伦理观念相差很大。我在前几篇杂话中已说过，在中国传统的差序格局中，原本不承认有可以施行于一切人的统一规则，而现行法却是采用个人平等主义的。

这一套已经使普通老百姓不明白，在司法制度的程序上又是隔膜到不知怎样利用。在乡间普通人还是怕打官司的，但是新的司法制度却已推行下乡了。那些不容于乡土伦理的人物从此却找到了一种新的保障。他们可以不服乡间的调解而告到司法处去。当然，在理论上，这是好现象，因为这样才能破坏原有的乡土社会的传统，使中国能走上现代化的道路。但是事实上，在司法处去打官司的，正是那些乡间所认为"败类"的人物。依着现行法去判决（且把贪污那一套除外），时常可以和地方传统不合。乡间认为坏的行为却正可以是合法的行为，于是司法处在乡下人的眼光中成了一个包庇作恶的机构了。

——节选自《无讼》

阅读感悟

这是一本社会学领域的书，是一本有关"理论"的书。但读这本书，却让我涌起了无限的乡愁。依稀仿佛，儿时走街串巷吃大家饭的记忆、大人们互助劳作的场景、村中有威望的老人调解各家矛盾的情形……都近在眼前，触手可及。但这本书不只让人感怀，更让人顿悟。作者深厚的理论素养与通俗易懂的语言完美结合，再加上大量的实例，让人读后竟然有万条千缕了然在胸的开朗感。我理解了我们身上的"公"与"私"，理解了父辈们克制、含蓄的情感表达方式，理解了当下农村"礼"与"法"的冲突与共融。

浩瀚书海里，恐怕很难再找到像《乡土中国》这样详细、深刻、通俗易懂地描写和分析中国底层农村社会的书了。虽然费老一再强调，这本书只是描写处于社会底层的乡村社会，但是城市人不也是由农村人发展起来的吗？即使他们的上一代不是农民，那么上上一代也一定与乡村有着千丝万缕的联系。本书虽然写于几十年前，却能透析和折射很久的过去和我们的现在。在今天的城市生活中，我们仍然可以看到隐藏在城市人身上的乡土气息，如"熟人社会""长幼有序"等，中国仍然是一个有着浓重乡土气息的国家。这本书，可以帮助我们更清楚地看到现代中国的"来处"。

当然，《乡土中国》是对中国乡土社会的解读，不可能代表整个中国，更不能代表今天城市化水平不断提高的中国。读完这本书，我发现在《旧著〈乡土中国〉重刊序言》和《后记》中有一句相同的话："这算不得是定稿，也不能说是完稿，只是一段尝试的记录罢了。"是的，一本真正具有探究精神的著作，会永远在路上，不会完稿，甚至不会定稿。

拓展阅读

1.《一个村庄里的中国》：熊培云著，新星出版社2011年11月第1版；

2.《崖边报告——乡土中国的裂变记录》：阎海军著，北京大学出版社2015年8月第1版。

《中国超越——一个“文明型国家”的光荣与梦想》

基本信息

作　者：张维为

出版社：上海人民出版社

版　次：2014 年 8 月第 1 版

图书经纬

张维为，1957 年生，中国政治学者、作家，复旦大学特聘教授、复旦大学中国研究院院长。他曾在上海当过三年工人，“文革”后考入复旦大学外文系，后取得日内瓦大学国际关系硕士、博士学位。20 世纪 80 年代中期，曾担任邓小平和其他中国领导人的英文翻译。张维为的代表作“思考中国三部曲”系列（《中国震撼》《中国触动》《中国超越》）销量过百万，其中《中国震撼》一书曾于 2011 年 9 月被时任国家副主席习近平推荐给来访的世界银行行长的佐利克，此书也曾获 2012 上海图书奖一等奖，并被译成英、阿拉伯文等多种文字出版。

内容梗概

《中国超越》是作者走访百国后，围绕中国模式思考和研究的第三部著作，通过对中国模式与西方模式的全面比较，总结了中国的成功之道和基本特征。张维为认为，“中国模式”在狭义层面指中国自己的一套做法、经验和思路，在广义的层面则指这套做法、经验和思路及其背后的制度安排和思想理念。不妨说，中国模式指的就是中国特色社会主义的价值，也即中国道路。

全书共六章。第一章从个体观察、感受出发，比较中美两国社会发展现状，指出中国的发展已从追赶到某些领域超越西方社会的事实。第二章讲述中国的发展，在西方已逐渐由“神话”变成了真实可信的“实话”。第三章提出判断社会制度优越性的标准，展开了中美两国在社会发展中资本、政治、社会三种力量关系的对比，指出虽然中国模式还在完善中，但中国梦的前景比美国梦更光明。第四章阐述了国际政治话语权争夺的本质和中国的应对策略。第五章从发生在埃及、中亚、非洲等地的披着“民主”和“自由”外衣的社会革命导致的政治混乱、社会动荡、经济凋敝的现象入手，指出其本质是西方特别是美国向别国强行输出其政治和经济模式，以便获取经济、商业、战略利益的结果。第六章用“文明型国家”代替“民族型国家”，指出了中国模式、中国道路必将带领中国人民实现伟大复兴的中国梦。

经典篇章

第二章　从“神话”到“实话”

本章先对美国经济、社会、政治制度的现状进行了描述和反思，指出以美国为代表的经济上“市场原教旨主义”“债务经济”、政治上“金钱政治”“政体失灵”为特点的西方民主政治制度与发展模式，导致政体体制在协调政治力量、资本力量和社会力量方面的失效，从而出现某种发展困境。同时，作者还尖锐地指出，西方政治模式的三个基因缺陷源于民主制度运作的三个预设，即理性的人、绝对权力、程序万能，进而预测如果西方制度改革得不到正视，西方社会就会无法逆转地走向衰落。本章精彩之处在于作者用中美社会发展状况进行了全面对比和深刻反思，用事实证明中国模式的成功。

第四章　话语超越：谁的终结？

本章从国际话语权的建构、影响，中国在国际社会地位的变化、国家发展目标等方面，指出构建关于政治体制、发展模式等方面的中国话语的必要性、重要性和迫切性。

其中关于中国话语的构建紧紧围绕中国改革开放过程中的实践展开，作者并没有全盘否定西方话语，而是主张在全球化的背景下，建立起一套可以与西方世界沟通的中国标准的话语体系。本章有破有立，既有对现有话语权局限性的反思，又提出打破现有僵局，打破陈见，建立新话语体系的方向，对于一般读者理解中国面临的国际局势和挑战具有启迪意义。

精彩语段

没有话语是无法真正崛起的，因为没有自己的话语，即使是自己做对的事情，也会被看作是做错的，或者是过渡阶段的，最终要转到西方模式，尽管西方模式早已处在重重危机之中。没有话语的崛起，中华民族崛起的伟大梦想也可能因为西方话语忽悠，而前功尽弃。……我们今天已经解决了“挨饿”“挨打”的问题，现在是解决“挨骂”问题的时候了。我们要抓紧补上这个短板，这是关系到中国长治久安的大问题。……

…………

在西方，如果人家向你提出一个尖锐的问题，你避而不答，那你就输了，你所代表的国家就输了。所以我主张自信地回应西方话语的挑衅。……

…………

我说：“中国有四千年的朝代史，一个好‘朝代’的寿命至少250年，比美国历史都长。今天怎么都是中国历史最好的‘朝代’之一，所以中国今天的崛起，还是崛起的初级阶段，更精彩的故事还在后面。”

——节选自《第四章 话语超越：谁的终结?》

“西方中心论”和“欧洲中心论”的核心是这样一种叙事：古希腊产生了古罗马，古罗马产生了基督教欧洲，基督教欧洲产生了文艺复兴，文艺复兴产生了启蒙运动，启蒙运动产生了民主政治、工业革命和现代世界。这种叙述的背后还有一个更大的叙述：欧洲文明是优越的，主流是理性与民主，与之相对立的是东方文明，东方文明的主流是愚昧与专制，而欧洲文明代表了“通往最高级的人类文明”。我们国内学术界迄今为止的不少叙述也是在重复这种西方虚构出来的主流话语，中国也因此而产生了一大批“言必称希腊”的学者和一大批“西方文明优越论”的信徒，只要中国的做法和西方不一样，那中国一定是错的，西方一定是对的，我们要做的无非是不断地向西方模式靠拢，接轨乃至最终被西方社会接纳。

——节选自《第六章 一个“文明型国家”的光荣与梦想》

“文明型国家”的逻辑与“历史终结论”的逻辑背后的哲学观截然不同。“历史终结论”的哲学观是社会单线演化的哲学观，它把世界看成是一个简单地由落后向先进的单向度演变的进程，而西方模式又被认为是代表了人类最先进的成就；而“文明型国家”的哲学观则认为社会发展从来都是多元复合的，各种发展模式从来都是百花竞放的，他们可以互相竞争，也可以互相借鉴，甚至你追我赶，超越对方，整个人类历史就是这样一路演变和发展过来的，只要人类存在，这种不断变化的动态历史进程便不会终结。

——节选自《结论　一个“文明型国家”的逻辑》

阅读感悟

《中国超越》给我带来了深刻的启发。首先，中国模式对西方模式特别是对美国模式超越的观点。作者指出这种超越表现为经济总量、家庭净资产、社会保障、科技创新、制度安排和思想理念方面的超越。同时，在论述中国模式对西方模式的超越时，作者并没有陷入自我陶醉的心态。他认识到全球工业化和现代化的进程是三百多年前从西方国家开始的，近现代科学技术的发展和进步也主要由西方国家完成，西方国家的现代化程度现在仍然大大高于我们，这是需要我们继续追赶的。

另一方面，《中国超越》告诉我们，中国模式客观存在，有自己的逻辑，有重要的意义，理直气壮地研究中国模式有助于我们树立文化自信，更好地增强道路自信、制度自信和理论自信。正视自己的问题，同时更要正视自己的成绩。爱国不仅仅是领略唐诗宋词的余韵悠长，更是胸怀“立足中国土，放眼看世界”的视野与气魄。中国必将超越！

本书2014年初版，近几年来随着经济发展、利益摩擦，国际关系的重大变化正验证“中国超越”时代的到来。这一时代充满挑战也不乏机遇——张维为教授的预测是正确的。《中国超越》并非一本总结性的研究著作，而是站在时代前沿的呐喊和冲锋号，也许论点不全正确，论证不全扎实，但循着这个声音，我们可以更坚定地凭中国模式走得更稳、更远。沿着这个方向，我们可以做更深入的研究，更扎实地讲好中国历史、中国故事。

拓展阅读

1.《中国震撼——一个“文明型国家”的崛起》：张维为著，上海人民出版社2011年1月第1版；

2.《五百年来谁著史——1500年以来的中国与世界》：韩毓海著，九州出版社2010年9月第1版。

《论中国》

基本信息

作　者：[美] 亨利·基辛格

译　者：胡利平　林　华　杨韵琴　朱敬文

出版社：中信出版社

版　次：2015 年 7 月第 2 版

图书经纬

亨利·艾尔弗雷德·基辛格（Henry Alfred Kissinger），哈佛大学博士、教授，20 世纪美国著名的外交家、国际问题专家。1923 年生于德国，犹太人，1938 年移居美国，1943 年加入美国国籍，1969 年开始担任美国总统国家安全事务助理，1973 年开始担任美国国务卿，为期四年。

1971 年 7 月，基辛格作为尼克松总统特使秘密访华，为中美建交开启了大门。1972 年正式访华，后多次访华，与毛泽东、周恩来、邓小平等中国领导人都曾会面，为中美关系作出了历史性贡献，被称为“中国人民的老朋友”。1973 年 1 月，基辛格在巴黎完成了结束越南战争的谈判，并因此获得诺贝尔和平奖。主要著作有《世界秩序》《大外交》《白宫岁月——基辛格回忆录》等。

《论中国》出版时，《纽约时报书评》曾评论：“亨利·基辛格不仅是第一位正式出访中国的美国外交官，而且在此后的 40 年里，他陆续出访中国超过 50 次，从外交上讲，在解释中国这件事上，基辛格拥有某种特权。”

内容梗概

这是一本外交学兼政治学著作，国际问题专家基辛格用数十万字的巨篇从美国立场讲述了中美建交的非凡历史，向世界读者介绍了他对中国历史和国情的认识与判断，并表现出一个西方学者对中国特色毫不掩饰的认可。

全书共十八章，围绕中美两国的外交过程展开。第一到三章介绍了中国国情的特殊性，之后介绍清朝至民国的外交情况；第四到十一章，主要讲毛泽东时代的外交政策和外交过程；第十二到十六章讲邓小平时代的外交；第十七、十八章讲邓小平时代之后的外交以及对中美关系未来的展望。

基辛格作为历史的亲历者，以美国资深外交家和思想家的身份，梳理和分析了中国自鸦片战争以来的外交传统，记录了自己与毛泽东、邓小平等几代中国领导人的交往，从围棋文化与《孙子兵法》中探寻中国人的战略思维模式，特别是试图揭示新中国成立以来的外交战略的制定和决策机制，深度解读"一边倒"的外交政策、抗美援朝、中美建交等重大外交事件。

经典篇章

第二章 叩头的问题和鸦片战争

乾隆时代的清王朝，坚持传统中国中心论的朝贡、臣服式的外交理念。而同时代的欧洲已发展了新的工业和科学方法，蒸汽机、铁路的出现，新的制造业和资本的形成使欧洲国家的生产力获得巨大进步，军事实力超过了中国，在全世界建立起殖民贸易网络，他们满怀征服的冲动，纷纷踏入中国的传统势力范围。在这样的背景下，双方的商业、外交冲突逐渐突出。

1793—1794 年，乔治·马嘎尔尼勋爵率使团访问中国，在当时的清朝看来，这是外交上的又一次胜利；而在英国看来却是一次奇耻大辱。这以后直到 1840 年爆发的第一次鸦片战争，都体现出中西方外交观点之间存在的鸿沟与摩擦。

本章站在旁观者的角度，展示了17、18、19三个世纪中清朝和世界发展格局的剧烈变化，介绍了清帝国与英国多次外交往来的过程，从西方视角解释了中国从传统社会进入现代社会前夜遭遇到的挑战和困难，拉开了近代一百多年中国人在社会、思想和道德上深重苦难的序幕，分析透彻、发人深省。

第十五章　美国的窘境

20世纪80年代末，中美关系由于国际局势和国内局势的动荡发生了一次转折，双方从高层密切互动、军事亲密合作、经济相互支持的状态转入了冷静期。本章从"美国的窘境""方励之纠纷""24字指示"三个方面回顾了1989年戈尔巴乔夫访华前后直至1990年邓小平同志退休时，中美双方为了维持沟通交流和对外关系所做的多次接触，清晰地叙述了交往的过程，深入透彻地分析了中美两种价值观、外交观形成的碰撞与冲突。

美国公众认为民主制度和人权是自己天然的责任，而中国认为国家内政外国无权干涉；美国认为民主制度是国家交往的前提，而中国认为国家利益是外交的决定因素；美国政府和官员中的很多人对中国国情有所了解，但受制于国内公众压力而对中国采取制裁措施，中国政府则因为历史教训中国家主权分裂造成的耻辱对外国干涉主权问题特别敏感，对美国的干涉极力反对、毫不妥协，加之国际上东欧剧变、柏林墙倒塌、苏联解体……诸多纷繁复杂的因素交织在这一两年的中美关系中，考验着两国领导人的智慧和定力，也考验着两个国家的人民。

精彩语段

天朝开始认识到中国军事上技不如人，但仍未找到解决这一问题的合适对策。起初，中国采用了传统的治夷手段。在漫长的历史长河中，中国也曾被打败过，中国的统治者采用的是上一章讲过的五饵之策。在他们眼里，入侵者的一个共同特点是渴望分享中华文化，希望在中国土地上定居，享受其文明。因此，中国可以用耆英提出的手段逐渐将其驯化，最终融入中国人的生活。

然而入侵的欧洲国家并没有这种愿望，也不满足于追求有限目标。它们自认为是更先进的社会，追求的目标是掠夺中国，攫取经济利益，而不是归化中国文化。因此，它们提出什么样的要求取决于自己的财力和胃口。靠结交私谊不可能扭转乾坤，因为入侵者不是中国的邻国，而是远隔重洋的异邦。他们只追求自己的利益，对耆英式对策的隐晦婉转风格浑然不觉。

仅仅10年，中国从辉煌中跌落，沦为殖民势力争夺的目标。中国夹在两个时代和两种不同的国际关系概念中间，努力探寻一种新身份，尤其是设法协调标志其伟大的种种价值观与技术和商业之间的矛盾，而中国的安全系于后者。

——节选自《第二章　叩头问题和鸦片战争》

中国和西方外交战略的首要区别在于劣势中的自处之道。美国和其他西方国家的外交官认为应谨慎行事，避免挑衅；中国则更倾向于摆出更加无畏的姿态。面对于己不利的力量对比，西方外交官倾向于寻求外交解决；他们敦促采取外交举措陷对方于“不义”，以求在道义上孤立对方，但不主张使用武力——越南入侵并占领柬埔寨后，美国基本上就是这样劝告邓小平的。中国的战略规划者却更坚定决心用勇气和心理压力来对抗敌人实力上的优势——他们相信先发制人的威慑。若是敌人优势太强，且战略趋势于己不利时，他们的应对方法是打击敌人的信心，尽管中国在物质上处于劣势，但他们仍要重夺心理优势。

——节选自《第十三章　“摸老虎屁股”：对越作战》

今天的中国领导人说，意识形态时代已经宣告终结，国家利益将成为中国制定外交政策的原则。美国的著名人士却坚持说，共同的国家利益需要民主制度做保障。很多美国分析家几乎把这一命题奉为宗教信条。不过从实际的历史经验看，这一命题很难证明。第一次世界大战爆发时，欧洲大多数国家的政府（包括英国、法国和德国）基本上都是民主政体。尽管如此，第一次世界大战——欧洲从未完全从这次灾难中恢复元气——仍然得到了所有选举产生的议会的狂热支持。

…………

美国社会永远不应放弃对人的尊严的承诺。在西方政治和新闻取向占主导地位的一段有限时期内，西方的民主自由理念并不一定能直接照搬到一个几千年来依照不同理念组织自己生活的文明中。承认这一点并不减损这一承诺的重要性；同样，也不能简单地认为中国对政局混乱的担心是不合时宜的，需要得到西方启蒙的“纠正”。中国历史上，尤其是近两百年的历史上有无数的例子表明，政权的四分五裂——有时是因为对更大自由的极大期待——往往导致社会和族裔的剧烈动荡；而最后胜出的一方往往不是最开明的一派。

——节选自《第十五章 美国的窘境》

阅读感悟

《论中国》一书，重新解读中国的过去和未来，凝结了作者的战略理论以及对中国问题十多年的研究成果。对于每一个曾经或正在关注中国命运的人、每一个曾经或正在阅读中国历史的人来说，这本书都值得一读。

中国战略文化植根传统源远流长。基辛格从围棋文化、《孙子兵法》、《三国演义》等探微中国人的战略思维模式，尤其是中国注重相对优势、注重谋略、着眼长远的战略。洞悉几代领导人的施政方针，我们都能看到“中国特色”“民族气派”的渊源。

国家实力是外交战略主动权的最大筹码。新中国成立后的一段时期中国的实力比较弱，因而不得不在与美苏两个超级大国的三角关系中周旋。改革开放后邓小平深知中国国情，反复强调要冷静观察、沉着应付、韬光养晦、发展自己。直到今天，中华民族伟大复兴曙光初现，成为世界第二大经济体，在国际舞台上的作用日益举足轻重。中国已有足够的自信，可以按照国家意志而非长远潜力、最终战略角色来实施外交政策。

追昔抚今，书中详尽的中美外交往来之路，使我不禁思考今天的“中美关系”——中美“友谊”的基础在哪里？可以说，“宽广的太平洋两岸有足够空间容纳中美两个大国”。关键在于，中美双方应持续开展有效沟通，以积极姿态回应彼此关切，及时消除误解，化解矛盾，求同存异，妥善处理、有效管控分歧和敏感问题。

拓展阅读

1. 《大棋局——美国的首要地位及其地缘战略》：［美］兹比格纽·布热津斯基著，中国国际问题研究所译，上海人民出版社 2015 年 4 月版；

2. 《李光耀论中国与世界》：［新加坡］李光耀口述，［美］格雷厄姆·艾利森、［美］罗伯特·D. 布莱克威尔、［美］阿里·温尼编，蒋宗强译，中信出版社 2013 年 10 月版。

《社会契约论》

基本信息

作　者：［法］卢梭

译　者：李平沤

出版社：商务印书馆

版　次：2011 年 4 月第 1 版

图书经纬

让-雅克·卢梭（Jean-Jacques Rousseau，1712—1778），法国 18 世纪启蒙思想家、哲学家及教育学家，出生于瑞士日内瓦，后移居法国。主要著作有《论人类不平等的起源和基础》《社会契约论》《爱弥儿》《忏悔录》等。

《社会契约论》，别名《政治权利的原理》，是一部政治学著作，写成于法国大革命前夜，主旨是为人民民主主权的建立奠定理论基础，它第一次提出了“天赋人权”和“主权在民”的思想，法国国家格言“自由、平等、博爱”便出自卢梭。1762 年，该书一问世即遭禁止，卢梭本人也被迫流亡英国，但《社会契约论》所提倡的民主理论却很快风靡全世界。

本书在晚清就被介绍到国内，梁启超曾说，“《民约论》（即《社会契约论》），法国大革命之原动力也；法国大革命，19 世纪全世界之原动力也。”学者何兆武先生认为，本书应和亚当·斯密的《国富论》、康德的《纯粹理性批判》、穆勒的《论自由》、马克思的《资本论》等经典著作并列，标志着人类近代思想的高峰。

内容梗概

卢梭认为，在自然状态下，个人必须与其他人联合才能生存。人们联合在一起以集体形式而存在形成了社会，而社会的契约是人们对成员社会地位的协议。

全书分为四卷，集中论述了卢梭的社会契约思想。第一卷论述社会秩序是一种神圣权力，是其他一切权力的基础，提出人民主权说和私有财产的神圣不可侵犯；第二卷讨论主权权力、人民权力和法律权力等；第三卷论述行政权、政府及其组织以及主权权威问题；第四卷讨论议会、独裁、监察、宗教信仰等政治问题。

本书提出的“主权在民”的思想深刻地影响了废除欧洲君主绝对权力的运动，引发了法国大革命（1789—1794）。法国大革命因其革命彻底性，深刻影响了其后二百多年全球大多数国家的政治格局，自由平等的理念深入全人类的心灵。

经典篇章

第一卷第三章　论最强者的权利

18 世纪大革命前后的法国，王族、贵族和教会等特权阶级与新生资产阶级和农民（平民）之间的矛盾十分尖锐，人们普遍对特权进行反思、谋求反抗。卢梭第一次清晰明确地提出权力来源问题，在本章主要讨论了在生而平等的人面前，为何出现了权力不平等，即“一人对另外一人的奴役（特权）如何产生?”这一重要问题。

通过观察，他以自然界存在强权为例，分析了人何时会向强力屈服：假设强盗在森林里抓到了某人，一方面由于强力此人必把钱包交出来，此时强力（暴力）产生强权。但一些条件下，即便此人有可能将钱包藏起来，但最终某种力量（如良心、习惯）的驱使也会将钱包交出来，那么此时强盗拿着的手枪不仅是一种强力，也是“一种权威”。作者从人人能理解的自然和社会现象出发，提出一些易被人忽视又涉及根本的问题，揭示了现象背后的本质，敏锐地指出了社会冲突与矛盾的根源。此章结论是：强力并不构成权力，而人们只对合法的权威才有服从义务。这一观念把那些在上帝和教权奴役下的人们解放了出来，成为反抗封建专制特权，争取自由民主的新时代的第一声呐喊。

第三卷第九章　论一个好政府的标志

本章很短，不到1000字，共四个自然段。第一段反思问题本身：哪一种政府是最好的政府？——作者指出此问题因涉及不同标准而无解。第二段将问题转化为可解决的事实问题：具体到某个国家治理的好坏。第三段讨论了某国家治理的好坏也是难题，原因在于立场不同而标准不同。第四段提出自己的观点，应该以人口增长多少来评判政府的好坏。

西方人经常以自己的辩论口才和逻辑思维为豪，本章就是两者的体现。经过良好逻辑训练的卢梭，体现出了惊人的思辨能力。

什么是好政府？时至今日，在国家关系中，国与国之间关于政府、政权组织方式的争论依然在继续，民主和人权、良政和劣政的分歧依然存在，甚至演变成国际话语权的争夺。低头读书，蓦然回首发现200多年前的卢梭早就提出过这一个难解而又不能统一的复杂问题！让人叹为观止。

精彩语段

在所有各种各样的社会中，最古老而又唯一是自然形成的社会，是家庭。孩子只有在他们需要父亲养育他们的时候，才依附他们的父亲，而一旦没有这种需要了，他们之间的自然联系便宣告解体。孩子解除了他们对父亲应有的服从，而父亲也免除了他对孩子应有的关怀，双方都同样进入了独立状态。如果他们还继续联系在一起的话，那就不再是自然的，而是自愿的，这时，家庭本身便只有靠约定来维系。

这种人人都有的自由，产生于人的天性。人的天性的首要法则是保护他自己的生存；他首先关心的，是照护好他自己。一当他到了有理智的年龄，那就只有他本人才能判断应当采用何种方法才最能维护他的存在。从这个时候起，他就成为他自己的主人了。

——节选自《第一卷第二章 论原始社会》

放弃自己的自由，就是放弃自己做人的资格，就是放弃做人的权利，甚至就是放弃自己的义务。对于一个放弃一切的人来说，是无须给予什么补偿的。这样一种放弃，是同人的天性不相容的。剥夺了一个人行使自己意志的自由，就等于是剥夺了他的行为的道德性；规定一方享有绝对的权威，而另一方无限地服从，这种条约本身就是无效的和自相矛盾的。很显然，对我们有权要求他做一切事的人来说，是无须承担什么义务的。这样一种既不等价又无交换的条件，难道不表明它本身是无效的吗？

——节选自《第一卷第四章 论奴隶制》

既然国家或城邦只不过是一个道德人格，它的生命在于它的成员的结合，而它最重要的关怀是它自己的存在，那么，它就需要有一种普遍的强制力，以便按照最有利于全体的方式来推动和支配各个部分。如同大自然使每一个人都对他的四肢拥有绝对的运用的权力一样，社会公约也使政治体对自己的成员拥有一种绝对的支配的权力。正如我已经说过的，这种权力，当它受公意的指导时，便称为“主权”。

除了公共人格之外，我们还要注意到那些组成公共人格的个人：每个人的生命和自由是天然独立于公共人格之外的。因此，必须对公民和主权者各自的权利有一个明确的区分，对前者以臣民的资格应尽的义务和以人的资格应享有的自然权利有一个明确的区分。

——节选自《第二卷第四章 论主权权力的界限》

阅读感悟

对缺乏历史、政治和社会发展知识积累的年轻读者来说，《社会契约论》这本书较难读，甚至会感到完全摸不到头绪，会觉得整本书的内容都很碎，无法形成系统脉络。但随着年龄增长，对社会和人生有了一定认识，对国际国内形势、中外历史有一定了解后，会想弄明白为什么历史会这样？其中的斗争和战争为了什么？和平从何而来？此时再反复读《社会契约论》，钻进去时就会发现本书的魅力：人与人到底为什么不平等？为什么又是平等的？公民和政府到底是什么样的关系？法律从何而来？遵循什么原则？这些问题在两百多年前，卢梭就开始做了深入思考，到今天依然给我们丰富的启发。

作为一个中国人，读本书时会不由自主地和中国的思想进行比较。回想社会发展历史，公元前 220 年左右，中国就开始实行了以郡县制为基础的“中央集权制”，贵族特权时代基本结束于五代十国时期（即公元1000 年左右），而法国18 世纪大革命时还是诸侯分封的时代，王权和贵族特权十分兴盛。中西社会发展的阶段是如此不同，但人类社会发展的规律却又有惊人的相似之处。比如，卢梭天赋人权的自由思想，是为了把人性从神权和政权中解放出来。原文中说：“当人民被迫服从而服从时，他们做得对；但是一旦人民可以打破自己身上的桎梏而打破它时，他们就做得更对。”这与《尚书》“殷革夏命”中体现出的“天命在民心”、陈胜吴广喊出的“王侯将相宁有种乎”有异曲同工之妙。

卢梭的思想并非十全十美，马克思就曾对《社会契约论》进行过批判，一方面肯定其进步意义，一方面也指出其理论基础是抽象、个人主义的，其自由观是片面的。历史上卢梭的思想对法国大革命和欧洲封建时代的结束和西欧现代化国家的建立起了重要推动作用，但其思想却未必完全变为现实，卢梭本人也曾明确宣告：“我探讨的是权利的道理，我不要争论事实。”正如译者所说，理论不必以史实为根据，法理上能否成立是一回事，历史事实是否如此则是另外一回事。

200 多年后的今天，全世界建立了无数国家，这些国家体制实际运行状况参差不齐，但卢梭和法国大革命留给人类的思想瑰宝——理性主义、天赋人权、自由平等的追求等依然是人类的文化遗产，永远值得珍视。

拓展阅读

1.《论法的精神》：［法］孟德斯鸠著，张雁深译，商务印书馆1961年11月第1版；

2.《旧制度与大革命》：［法］托克维尔著，冯棠译，桂裕芳、张芝联校，商务印书馆2009年5月第1版。

《公正——该如何做是好?》

基本信息

作　者: [美] 迈克尔·桑德尔
译　者: 朱慧玲
出版社: 中信出版社
版　次: 2012 年 12 月第 2 版

图书经纬

迈克尔·桑德尔 (Michael J. Sandel), 1953 年生于美国明尼苏达州, 著名哲学家、作家, 美国文理科学院院士。他因在《自由主义与正义的局限》一书中对罗尔斯的正义论所进行的批判而著称, 由此产生并流传"社群主义"一语。桑德尔著述颇丰, 代表作包括《民主的不满》和《公共哲学》。

从 1980 年至今, 桑德尔一直在哈佛大学政府系负责道德政治哲学的教学。课堂上, 桑德尔擅长用苏格拉底式的问答式教学法, 通过对极端假设或热点新闻的讨论引导学生主动思考。他讲授的"公正"这门课是哈佛历史上累计听课人数最多的课程之一, 他也被《卫报》誉为"世界上最受欢迎的老师之一"。《公正——该如何做是好?》(以下简称《公正》) 一书, 正是源于这门"公正"课程。

内容梗概

关于“公正”，每个人都有自己的定义。在中国古代，“正义”“公正”往往指个人道德修养，且是没有个人之私、近乎圣的一种美德，并不包含作为评价制度、规则的价值内涵。1840年之后，受西方文化的影响，有关正义、公正的评价才开始涉及制度层面。

《公正》一书共十个章节，围绕着“公正”这一人类永恒的难题展开讨论，作者通过介绍西方历史上思想家卢梭、边沁、康德、罗尔斯等人的哲学、政治学理论，以及政治和社会中的丰富案例，试图启发群体和个体思考在面对复杂局面时“该如何做是好”这一问题。

通过不断地提问，不断地引证，以及不断地反驳，桑德尔激励我们对自己的公正观念进行批判性检验，进而寻找合理的公正和正常的态度。何为“公正”？桑德尔最后并没有给出明确的答案。因为原本平淡无奇的生活中，几乎每一个细节里都藏着一个道德困境：安乐死是否应该得到法律许可？一条命是否不如十条命贵重？而最终关于“公正”的答案，可能就在这种不确定的探究与独立思考、判断中。

经典篇章

第一章　做正当之事

作为开篇，本章从2004年佛罗里达“飓风”事件说起。灾后物价激增引起剧烈争论，“价格欺诈”说与“市场自由论”激烈交锋。接下来，作者用理性的态度对两种观点进行深入剖析，指出问题背后隐藏的道德与法律的较量，并最终引导人们对“公正”这一核心问题进行深入思考。

作者认为，思考公正有三种基本方式，即福利最大化、尊重自由及促进德行。三种方式孰优孰劣？有无矛盾或融合？

第六章　平等的理由/约翰·罗尔斯

关于公正的伦理学理论，本书在第二章、第三章分别提到了传统的功利主义思想与自由主义思想。桑德尔认为这两种公正观均有缺陷：功利主义给道德做了估值，将一切纳入货币计量，试图给善恶标价；而自由至上主义则忽视了道德边界的存在，心中只有“我”，没有社会公义善恶。因此他更倾向于第三种理论，即在获取正当利益、尊重自由选择的同时，关注并提升公众道德以及社会共同的善。

本章着重阐释了第三种伦理学理论——道德至上理论，即不论结果怎么样，行为的主观意愿必须是符合道德伦理的。桑德尔的理论兼顾功利、自由与道德三个方面，没有摒弃，没有偏袒，也没有极端，中肯而又理性。

精彩语段

假设你是一辆有轨电车的司机，电车以每小时60英里的速度沿着轨道疾驰而来。在前方，你看见五个工人手持工具站在轨道上。你试着停下来，可是你不能，因为刹车失灵了。你感到无比绝望，因为你知道，如果你冲向这五个工人的话，他们将全部被撞死。（我们先假定你是知道这一点的。）

突然，你注意到右边有一条岔道，那条轨道上也有一个工人，不过只有一个。你意识到，你可以将有轨电车拐向那条岔道，撞死这个工人，而挽救那五个工人。

你应该怎么做呢？大多数人会说：“拐！尽管撞死一个无辜的人是一个悲剧，可撞死五个人将会更糟糕。”牺牲一个人的生命以挽救五个人的生命，这看起来确实是正当的事情。

现在让我们来考虑另外一种与有轨电车有关的假设。这一次，你不是司机，而是一个旁观者，站在桥上俯视着轨道。（这次旁边没有岔道）轨道的那一头开来了一辆电车，而在轨道的这一头则有五个工人。刹车又一次失灵了，电车即将冲向那五个工人。你感到自己没有能力去避免这场灾难——可是突然你发现，你身旁站着一个身材魁梧的人。你可以将他推下桥，落入轨道，从而挡住疾驰而来的电车。他可能会被撞死，但是那五个工人却将获救。（你考虑过自己跳下轨道，可你意识到自己太小了，无法挡住电车。)

将那个魁梧大汉推落到轨道上是否为正当之举呢？大多数人会说：“当然不是！将那个人推向轨道是极其严重的错误。”

将某个人推下桥致死看起来确实是一桩可怕的事情，即使这样做挽救了五个无辜的生命。然而这便产生了一个道德难题：为什么这一原则——牺牲一个生命以挽救五个生命——在第一种情况下看起来是正确的，而在第二种情况下看起来是错误的呢？

——节选自《第一章 做正当之事》

康德的哲学是非常难懂的，但是别让这一点把你吓跑了。它值得我们为之付出努力，因为所获得的收益颇为丰厚。《道德形而上学基础》提出了一个重要问题：道德的最高原则是什么？在回答这一问题的过程中，它阐述了另一个非常重要的问题：什么是自由？

康德对这些问题的回答对后世的道德和政治哲学影响深远。然而他的历史性的影响并不是我们关注他的唯一理由。虽然乍看起来，康德的哲学令人望而却步，但它实际上影响了当代人关于道德和政治的思考，即使我们都没有意识到它。因此，弄明白康德的思想不仅仅是一种哲学训练，还是一种检验某些暗含于我们公共生活中的关键性假设的方式。

——节选自《第五章 重要的是动机/伊曼纽尔·康德》

阅读感悟

《公正》一书教给我的与其说是真理，不如说是困惑；与其说是信念，不如说是迟疑。但困惑和迟疑并不一定是坏事，因为我们被“授之以渔”了，学会了独立思考与判断。读《公正》之前，我也许清楚自己的原则是什么；读完之后，可能反而变得糊涂，因为每一种观念似乎都有它的道理。只是各个观念未必导致相对主义，它只是提醒我们，在这个世界上构成冲突的未必仅仅是“善恶”，一种“善”和另一种“善”也可能构成紧张关系。权利和福利之间，“绝对命令”和

"人之常情"之间，平等和效率之间，自由和安全之间，常常存在着取舍关系——就像有人在形容美国立宪过程时指出，这不是一个伟大的胜利，而是一个伟大的妥协。的确，在诸善之间，妥协比胜利更值得庆祝。

公正，意为公平正直，没有偏私，是伦理学的基本范畴。公正，带有明显的"价值取向"，侧重的是社会的"基本价值取向"，并且强调这种价值取向的正当性。公正的评判标准是多维的，涉及时间、地点、人物、领域等方面，一个标尺的变换就会转变出万花筒般的理解。公正与否，与自己的处境和思想站位脱不了联系。处境，没办法改变，但思想站位可以。就像桑德尔在书中说的，在整体利益面前，公共政治下的公共利益能将个人的成长进步融入集体的发展历程中，创造共同的利益，这便是我心中公正最好的模样。

拓展阅读

1.《自由主义与正义的局限》：［美］迈克尔·J. 桑德尔著，万俊人等译，译林出版社 2001 年 4 月第 1 版；

2.《金钱不能买什么——金钱与公正的正面交锋》：［美］迈克尔·J. 桑德尔著，邓正来译，中信出版社 2012 年 12 月第 1 版。

《王二的经济学故事》

基本信息

作　者：郭　凯

出版社：浙江人民出版社

版　次：2012 年 7 月第 1 版

图书经纬

郭凯，1970 年代生，先后就读于北京大学电子学专业、北京大学中国经济研究中心，获哈佛大学经济学博士学位，专注于中国和新兴市场国家问题的研究，专业方向为国际金融和中国经济，曾就职于国际货币基金组织，现在中国人民银行工作。工作之余，撰写的经济评论屡屡见于《瞭望东方周刊》《华尔街日报》中文版等主流中文报刊和网络，其博客“经济笔记”风靡海内外，出版过《一沙一世界——郭凯经济学札记》。

著名经济学家周其仁说：“王二的经济行为，就是张三、李四，还有你、我、他的经济行为。所以，关于王二的经济学，也就是关于张三、李四，还有你、我、他的经济学。”《华尔街日报》中文版主编袁莉同样认为：“郭凯是愿意与大众对话并知道如何与大众对话的经济学者。通过发生在王二身上的生活故事，哈佛大学经济学博士郭凯如庖丁解牛般揭开了经济现象的神秘面纱。”

内容梗概

王二，是一个抽象的虚拟人物，只要故事需要，他可以是任何职业的工作者：农民、打工仔、工厂主、地主、小买卖者等，而作者正是通过一个个“王二”的故事，将经济学的原理直观地呈现在读者面前。

全书共八章。第1章，以地主王二施粥、王二的垄断水井、王二的家庭教育等问题入手，解释了春节火车票、中国石油价格等问题背后涉及的收入差距、收入不均等社会热点问题背后的经济学原理；第2、第3章，讨论了个人所得税和房地产等社会关注度极高的经济学问题；第4、第5章，从宏观经济学角度，讨论了中国的外汇政策和货币政策。作者通过王二卖粮收粮、卖西瓜、开凉粉店、和面、兑酒等通俗易懂的故事化语言，揭示了人民币升值贬值、汇率浮动方式、人民币国际化等现象及其背后复杂的原因，将专业、深奥的经济学问题给予了形象生动又专业深入的解析；第6章，通过王二拔鸭毛、开荒、开软件公司等故事，向大众普及了贸易顺差、进出口贸易、政府信用、知识产权、人口问题等宏观经济政策和知识；第7、第8章，阐释了经济发展模式之争。以王二养生、熬夜、装修等故事，在世界的舞台上，讲述和分析了中国经济发展中的成功经验以及存在的问题，呼吁国民用理性方式看待中国经济发展。

经典篇章

第1章　如何看待收入分配不均

本章中的第三篇《一碗水端平和收入分配差距难题》，通过王二对两个儿子以同样的条件培养，却只保证了一个孩子获得最佳成长环境，最终使其成才的故事，对中国目前的国内收入分配、财富分配等问题做了深入浅出的分析。郭凯巧妙地用普罗大众熟稔的人和事，来阐释高深的经济学原理和市场规律。读后，即使不能让你我的收入有实质性的提高，却能让人们明白收入分配差距的根源。

第 5 章 货币政策的难题

本章中的第六篇《王二的穿衣和应对通胀》，是对中国货币政策好像老是慢半拍这一现象的探讨。作者认为，造成这一现象的一个直接原因是，中国的货币政策似乎总是只对眼前的通货膨胀进行反应。如果货币政策的效果是瞬时就能发生的，这样做当然没有问题。可问题是，货币政策的效果是滞后的。这种不合拍的货币政策造成的后果，很可能是非但不能有效地稳定通货膨胀，反而可能增加通货膨胀波动的幅度。全文用形象生动、生活化的故事，对深奥难懂的经济学政策和知识进行讲解，让人在轻松愉快中理解了政策难题。

精彩语段

王二有两个儿子，大儿子爱运动，小儿子爱读书。大儿子能跑能跳，爱玩各种球类，梦想就是当个球星；小儿子整日待在家里，顺着书架上的书一本一本看过去，有点能当学者的味道。

王二希望孩子们能够静一点，长大之后做个读书人，而总觉得玩体育没什么前途。……只是王二心里也清楚，手心手背都是肉，不能厚此薄彼，因此也在有意识地想做到一碗水端平。

只是，王二是这么把水端平的。他会把两个孩子都带到书店，说：挑你们最喜欢的书，每个人都可以挑三本，爸爸来付账。还有，过年给压岁钱，很早就说清楚规矩：成绩好的孩子多拿，成绩差的孩子少拿，绝不偏心。放暑假了，把两个孩子都送到了“书友夏令营”，这个夏令营的目标就是让孩子在一个夏天读遍四书五经。

…………

王二按照他的标准也许是没有偏袒哪个孩子，后来的结果也是小儿子确实如他所愿成了一个读书人，而大儿子则书也没读好，体育也没玩好。王二更加觉得自己当年的直觉很正确：我早就知道我们王家的孩子没有运动细胞。幸亏小时候多带他们读书，不然哪有他们的今天！

…………

明眼人都可以看出，他在偏袒小儿子——他虽然给了两个孩子同样的成长环境，但那样的环境明显是有利于一个孩子的成长的。中国在市场化进程上已经取得了长足的进步，但中国的市场环境恐怕还远没有到公平的水平。而正是这样的环境，加剧了我们收入分配差距分化的速度。

——节选自《第 1 章 如何看待收入分配不均》

好的经济政策必须建立在认清和承认现实的基础之上。当我们回避或者曲解现实的时候，在此基础上形成的政策也极有可能是错误的。

…………

和贸易顺差相关的就是，这个世界上的不少政府和个人都觉得，进口是花钱，出口是挣钱。因此，进口是不好的，出口是好的；逆差是不好的，顺差是好的。这也是中国的顺差在很多国家引起那么大反弹的一个原因。中国自己其实也差不多，我们对出口的重视要远远超过进口。《自力更生和重商主义》就是在说明这种喜欢出口、不喜欢进口，喜欢赚别人钱、不想别人赚我们钱的想法其实有很大的问题。自由贸易，在本质上是互利的。因此，任何试图多赚别人钱、不让别人赚钱的政策，也就是重商主义的政策，都不可取。

——节选自《第 6 章 经济政策的误解和真相》

有人也许会说，作为一个消费者，免费就是好的，我是千度软件库的受益者，为什么我要支持打击千度软件库？是的，作为一个消费者，确实免费就是好的。只是，这意味着很多原本你应该能够看到的国产书籍永远都不会被写出来，你应该能够使用的国产软件永远都不会存在，你应该能够看到的国产电影永远都没人投资拍摄，你应该能够听到的国产音乐永远都不会被创造。这意味着，当你在抱怨为什么钱都给外国人挣了，而我们只能给外国人打工时，你本人其实就是背后的一部分原因，因为你的行为就根本没有给那些本土创新的企业太多机会；这更意味着，当你在抱怨找不到高薪的好工作的时候，你本人就是让高薪工作少的一个因素，因为只有给知识产权高回报，人力资本才值钱，你受的教育才会值钱。

——节选自《第6章 经济政策的误解和真相》

阅读感悟

关于“经济”，可以说与普通人息息相关，又与普通人格格不入。

一方面，我们生活在现代社会，每个人都和“经济”关系密切，要么是生产者，要么是消费者，也时时刻刻与银行打着交道，不同程度地参与着种种经济活动，却未必了解背后的经济知识和经济规律。另一方面，市场上有很多经济学专著和教材，尤其是国外经济学家、诺贝尔经济学奖获得者的著作更是随处可见，但联系中国当下经济发展现状的作品很少。网络上有很多零散的贴有经济学标签的文章，但大都专业性不强、不够可靠，而专业的经济学论文又与普通读者的认知水平相距甚远，所以一般人理解经济问题很容易人云亦云、不知所以，显得格格不入。

郭凯博士的文章，就是一种良好的纽带，把我们每个人和经济问题联系了起来。书中的每一章，都包含着几个小节，每一小节都以一个王二的故事作为引子，延伸到后文的经济学知识和经济学规律，并最终联系到现实当中的宏观、微观经济现象和政策。一方面帮助我们切身体会经济过程、认识经济规律、分析经济现象，另一方面也使我们能一窥复杂、宏大的社会经济现象背后的真相和规律。

读郭凯博士的书，能对一些经济现象和经济问题有更为理性和专业的认识。除了普及性，本书还有很强的专业性，对有志于进一步学习经济知识的读者来说，也不失为一本优秀的读物。

拓展阅读

1.《经济学原理》（第7版）：［美］曼昆著，梁小民、梁砾译，北京大学出社2015年5月第1版；

2.《国富论》：［英］亚当·斯密著，唐日松等译，华夏出版社2017年4月第1版。

《摩根写给儿子的 32 封信》

基本信息

作　者：［美］摩根

译　者：林望道

出版社：立信会计出版社

版　次：2012 年 7 月第 1 版

图书经纬

约翰·皮尔庞特·摩根（John Pierpont Morgan Sr.，1837—1913），美国银行家、艺术收藏家。1892 年，他联合爱迪生通用电力公司与汤姆逊·休斯顿电力公司，合并成立通用电气公司。在出资成立了联邦钢铁公司后，他又陆续合并了卡内基钢铁公司及其他几家钢铁公司，并在 1901 年组成美国钢铁公司。19 世纪中期，皮尔庞特的儿子小约翰大学毕业开始进入家族企业工作，为了使他更快、更好地熟悉社会，皮尔庞特依据小约翰在现实中遇到的各种问题，写下了 32 封书信，这就是本书的来源。这些私人信札被当作家族的宝贵财富，一直以遗嘱形式秘密珍藏。

本书又称《摩根信札》。20 世纪 90 年代末，为纪念摩根家族的开创者迈尔斯·摩根登上美洲大陆 360 周年，家族继承者出版了这部私人信札。此书一出版即在美国引起轰动，在畅销书排行榜上居高不下，诸多企业都把它作为教育员工的范本，人手一册。书中透露了非常多摩根家族创造财富的秘密和商业智慧，是培养伟大企业家至为重要的教材。它的价值如亨利·斯塔杰所说：“比摩根家族富可敌国的全部财富都更加宝贵。”美联储前主席艾伦·格林斯潘认为本书是“美国精神传承的‘圣经’”。

内容梗概

本书中文版副题为“华尔街之王写给年轻人的商业忠告”，但本书更是一本启迪思想的书，是奋斗成长起来的上一代人对初出茅庐进入社会的青年一代关于人生、婚姻、事业、工作态度等生存和发展方面的人生教诲。

本书共32封信，按照前后顺序，可分为四部分。第一部分（第一至第四封信）：给初出校园的小约翰介绍有关企业家和商业的宏观知识，鼓励他迎接挑战，成为被需要的人。第二部分（第五至第十三封信）：从自身经验体会出发，以商业、商人的角度，从读书、交际、婚姻家庭、健身、时间管理、工作态度、度过苦难等方面，给小约翰提出了一系列参考建议。第三部分（第十四至第十九封信）：从已经入职一段时间的小约翰遇到的现实问题入手，对他投资、金钱使用、平衡工作与生活、开拓事业、成为优秀领导者等方面提供了一些切实而具体的建议。第四部分（第二十至第三十二封信）：以企业管理者的角度，从企业精神、管理者与员工关系、创新与突破、守法经营等方面，为小约翰成长为一名优秀的管理者提供参考经验。其中的最后两封信，是小约翰度过进入社会、适应工作、管理企业的最初阶段，经历过一番风雨之后，老摩根给予他最后的箴言——找到人生的真意，同时给予他最完整的信任和祝福。

经典篇章

第七封信　一生的投资

老摩根是个商人，但也很重视美好婚姻对个人事业、人生发展和家族利益的影响。他将婚姻称为“美好的大事”，以充满爱意、智慧又啰唆的老父亲的身份与儿子关于婚姻大事进行了推心置腹的交流。他对儿子选择结婚对象给出了具体建议：提醒儿子对对象有基本判断后，要进行深入调查，而一旦结婚就要做好准备一生相守，共同进退，分相应的精力在家庭上，经营美满的婚姻。

在这封信中，开明的老父亲向儿子敞开心扉，他承认自己年轻时的种种冲动，也对儿子的自由权利表示尊重。相信每个读者都能从中感受到浓浓父爱和深沉智慧。

第二十九封信　守法经营

随着时间流逝，小约翰的事业逐渐步入正轨。在一次经营中，他与来自政府的检查人员发生了意见冲突。该如何处理呢？老摩根趁机告诉他作为商业机构经营管理者和检察人员、督察人员、税务人员、政府机构、律师事务所、会计事务所等打交道的方法和原则。他告诉小约翰，正义就是力量，一方面守法经营获得正当利益，另一方面遇到不公正待遇，就要做好充分的调查和准备，利用法律手段维护自己的利益。他以自己50多年的经验，提出处理纳税人和“公仆”关系的原则，打消了小约翰的顾虑，也揭示了法制社会的两层含义，即守法和使用法律保护自己。

精彩语段

一个人的一生里，从读书的影响来说，我觉得自己好像活了几十次。这并不是我自以为优越，而是我感觉自己更能有效地使用时间。这件事真正的意义在于，我们生在这么闭塞的小社会里，不要期望太高，也不要抛弃希望，实际体验外面的世界，借着书本让自己更有智慧，为那些无缘阅读的人感到难过吧！对于人生你能懂得多少？又有多少人懵懂地逝去？

——节选自《第五封信　读书的经济价值》

这封信我要告诉你的第二个重点是：作为企业家，在管理中，手腕固然重要，但更重要的是高洁无私的人格，使员工受感动而毫无保留地奉献，知识和手腕固然重要，但也要注意到什么才是人生正确的立足点，唯有大公无私，才是最重要的。从这点来说，就是要有“爱心”。

谁都认为只有自己才是最重要的，这是非常自然的感情。但如果被私心蒙蔽，也就是被个人的利害或感情左右，就很容易判断错误，无法产生坚强的信念。不被私心蒙蔽，仔细考虑什么才是对的，什么才是该做的，这时就能产生正确的判断力、坚强的信念及勇气。

因此，我希望你要对自己严格要求，并且毫无私心地考虑事情以磨炼自己的人格，这才是你要达到的目标。企业家应怀有宽广的胸襟，并以正义为前提，如此不仅能尽到企业对社会的责任，也能使员工心悦诚服。

——节选自《第二十封信　企业精神的精髓》

由于现代生活水平的提高，吃苦的人也越来越少，这就造成现代人好逸恶劳、满腹牢骚的一个原因。确实，这种不好的现象并不是近代才发生的，在古代的罗马就曾经发生过。当然，吃苦与生活水平的提高并不矛盾，因为如何面对困难以及如何解决困难是个人的事情，害怕吃苦并不是生活水准提高的一个可以让人信服的原因，而是大众对自己在心性的教化、对事实的领悟，以及发挥自由的意思去选择和承担责任等方面，没有彻底实施的缘故。如果当这些事情都成为生活的一部分时，一个人才能体会到人生的价值和存在的意义。

——节选自《第三十一封信　找到人生的真意》

阅读感悟

这是一本商业忠告书，更是一本关于成长的智慧之书。

《摩根写给儿子的32封信》中有一些现代企业、金融行业起步阶段的基本知识。在目前金融产业高度专业化、金融行业大爆炸的年代，各国的金融竞争不断加剧。以银行为例，政府为加强本国银行的竞争力，逐渐放松银行管制，银行的业务不再像过去那样简单，而是多种业务的糅合，多项业务相互交织，令人眼花缭乱。而本书则以个人化的视角，展现了金融业早期产生阶段的基本情况，对普通民众了解金融很有帮助。

《摩根写给儿子的32封信》更是一本“人生箴言”书。华尔街大亨摩根是美国的传奇人物，他给孩子的32封信饱含深情且充满智慧。比如《第四封信　商业的品格》中讲道，失败是成功之母，下蹲是为了跳得更高。在竞争激烈的社会中，我们往往盯着成功的目标，注重成败得失的结果；但在人生中，应该把失败看得比成功更重要，因为其中蕴含着不比成功少的知识、经验、教训以及走向成功的可能。面对困难，年轻人很容易陷入气馁和绝望，找不到突破口，看不到希望，老摩根告诉我们，困难不应该是成功的阻碍，而应当是推动人们前进的动力。

本书也让普通家庭出身的读者，看到一个优秀的家庭是如何培养他们子女的细节。这些子女并非都如电视剧中渲染的那样浮夸、无所事事，也不是小说、市井传说中的那样一掷千金、任性而为，他们同样注重吃苦精神，努力读书、认真学习，不断在成功和失败中历练自己，对于感情、婚姻的考量既功利又温情，对于社会责任担当、企业管理和企业精神的认识和作为，既充满责任感又富有智慧。

拓展阅读

1. 《傅雷家书》：傅雷、朱梅馥、傅聪著，傅敏编，译林出版社2018年2月第1版；

2. 《摩根财团——美国一代银行王朝和现代金融业的崛起：1838—1990》：［美］罗恩·彻诺著，金立群译，江苏文艺出版社2014年4月第1版。

《怪诞行为学——可预测的非理性》

基本信息

作　者：[美] 丹·艾瑞里

译　者：赵德亮　夏蓓洁

出版社：中信出版社

版　次：2017 年 11 月第 2 版

图书经纬

丹·艾瑞里（Dan Ariely），美国著名经济学家。现为美国麻省理工学院行为经济学教授、波士顿联邦储备银行研究员、普林斯顿高等研究中心研究员。主要作品有《怪诞行为学》《怪诞行为学 2——可预测的非理性的积极力量》《不诚实的诚实真相》等。

《怪诞行为学——可预测的非理性》是丹·艾瑞里的代表作品。在书中，作者带我们进入了经济行为学领域，通过一系列实验研究颠覆了人们曾经普遍认同的我们的行为是完全理性的假设，找出存在于不同领域的行为和决策背后的力量，以及公共生活的普遍问题，最终找到解决办法。该书发行后，得到业界专家、学者的高度赞誉，诺贝尔经济学奖得主乔治·阿克洛夫说："它找到了人们经常犯下愚蠢以及不可挽回的错误的根本原因。丹·艾瑞里不仅仅写了一本好书，他还让我们变得更明智。"

内容梗概

本书共十三章，每章先述一种常人皆有的不理性认知及行为，然后陈述作者及其他心理学家所做的实验，接下来再科学地展现这种行为的存在以及与其相关的人的某些认知模式或认知缺陷，最后再讨论这种认知及行为方式可能产生的社会后果及可能的应对策略。

生活中我们常有莫名其妙的举动：兴冲冲买下大量打折的东西，放在家中，并无任何用处；大费周折找到多种选择，最后发现却无从下手……你真的会失控？一时冲动就是没道理可言？丹·艾瑞里告诉你：错！所有的现象，背后都有经济的力量！他将心理学引入经济学的研究中，用实验的方法彻底颠覆了主流经济学的“经济人”观点，告诉我们非理性是人类的本能，是主宰人类行为和决策的隐形力量，同时非理性并不是杂乱无章的，而是可以把握预测的。丹·艾瑞里的这部作品用轻松幽默的方式告诉我们这是为什么，又该如何改变。他揭示了我们不可思议的行为背后的原因。

经典篇章

第七章　所有权的个性：为什么我们会依恋自己拥有的一切？

在户主看来，房屋拆迁不仅毁掉了自己一砖一瓦盖起来的房子，更重要的是自己多年的生活习惯、对屋中家什的情感依赖、整个社区和睦融融的关系都被解构了。如果真的能够谈妥的话，谈判人实际上不仅要为有形的房屋构造付费，还要为对户主造成的“情感创伤”付费。而往往谈不拢的是，谈判上看到的是家什物件的陈旧和在市场上的贬值，而户主总觉得难以割舍窗前那片浓密的树荫和斑驳的阳光。

面对这样的“所有权依恋症”，首先要能够认识自己存在这样的趋向，然后可以这样思考：如果真的没有所有权，会不会对自己的生活产生实质的影响？这样一来，可以让我们减少一些非理性消费。

第八章　多种选择的困境：为什么我们希望所有的门都开着？

本章从中国人特别熟悉的一个故事讲起，即项羽“破釜沉舟”。破釜沉舟，意味着不留后路，需要极大的勇气和魄力。但直到现在，我们大多数人在做事前依然会选择给自己保留余地。保留余地，是因为大家都有一种趋利避害的心理，多一种选择，就会多一份比较，似乎也易于让自己的利益最大化。但我们往往认识不到，无论哪种情况，保留余地的同时，我们也放弃了别的东西。机会多，退路广，并不意味着最后的结果一定会好。选择多，反而会浪费更多的时间，让人心神不宁，不能奋力一搏。

我们真正要明白的是，必须放弃一些不太可能的选择。果断关掉该关的门，学会当机立断，才能成就更加理性的我们。

精彩语段

免费的东西让人感觉好，这不是什么秘密。原来“零”不仅仅是一种特别的价格表示法，它还能唤起热烈的情绪——成为一个非理性兴奋的来源。如果某商品从50美分打折到20美分，你会买吗？有可能。如果从50美分促销为免费呢，你会不会争着伸手去拿？肯定会！

零成本竟然如此不可抗拒，这是怎么回事呢？为什么免费使我们如此高兴？说到底，免费有可能给我们带来麻烦：我们原本压根儿不想买的东西一旦免费了，就会变得难以置信地吸引人。例如，你有没有在开完会以后，把铅笔、钥匙链、记事本等都收拾起来带回家，尽管这些东西你以后用不到，多半要扔掉？你有没有排在长长的队伍里（可真是够长的了），等啊等啊，只是为了一份免费的甜筒冰激凌？商店“买二送一”，你有没有为了那个“送一”而买下那两个你根本就不需要的东西？

——节选自《第三章　免费的代价：为什么赠品反而让我们花费更多？》

有关《圣经》十诫的实验给我印象最深的是，那些十条中只能记得一两条的学生和那些十条差不多全记得的，都会受到影响。这就是说，鼓励人们诚实的并不是十诫的条文本身，而是出于对某种道德准则的深思。

如果真是这样，我们就可以用非宗教的道德准则来提高大众的诚实水平。例如，像医生、律师和其他一些专业人士宣誓时用的誓言——或者曾经用过的誓言？职业誓言能起这个作用吗？

英文“职业”一词来源于拉丁文“professus”，意思是“被公众认可”。高级职业很久以前起源于宗教，后来又传播、扩大到了医学和法律方面。据说，掌握秘不外传的高深知识的人，不仅垄断了该知识的应用，还负有明智地、诚实地使用该种知识的责任。誓言（口头的，有时是书面的）是对执业者行为自律的提醒，同时演化出一系列必须奉行的规则，让他们按照高级职业的要求担负起应尽的责任。

——节选自《第十一章　人性的弱点：为什么我们不诚实？》

阅读感悟

这是一部行为经济学著作。与其说这本书很另类，还不如说行为经济学本身就有点另类。《怪诞行为学——可预测的非理性》研究人在经济行为中的心理，介于心理学和经济学之间，能给人带来很多心理学方面的启迪。

阅读本书的过程是漫长的，但同时却引发了我不少思考。对生活中人们的一些不理性行为，尝试从经济学的角度去分析，从心理学的角度去阐释，会有一种豁然开朗的通透感。在平常的生活中，我们也常常会做出一些非理性的行为，如买了东西后悔、自我控制不力等，这些行为又会导致我们的挫败感。但追本溯源，作者告诉大家，非理性行为都不是随机的。相反，它们是系统的，也是可预测的。在可预测的基础上采取策略，减少更多非理性行为的发生，是阅读这本书最大的价值。

作者对待科学的态度同样值得我们学习。行为经济学和心理学的著作很多，但是很少有实验型著作。书中，大量把人类当作“小白鼠”的实验，让我们从另外一个角度去考量人类行为，这种实验型的说理方式非常有趣，并且有很强的说服力。

通过阅读，练就一双透过芜杂表象看清事物本质的眼睛；掩卷沉思，凡事要学会三思而后行！

拓展阅读

1.《怪诞心理学》：[英] 理查德·怀斯曼著，路本福译，湖南文艺出版社2014年2月第1版；

2.《别做正常的傻瓜》：奚恺元著，机械工业出版社2004年5月第1版。

《小狗钱钱》

基本信息

作　者：［德］博多·舍费尔

译　者：王钟欣　余　茜

出版社：四川少年儿童出版社

版　次：2014 年 3 月第 1 版

图书经纬

博多·舍费尔（Bodo Schäfer），1960 年出生于德国科隆，16 岁时移民美国。在美国加州一所高等学校毕业后，他先后在美国旧金山和墨西哥学习法律，之后在不同公司担任各种职务。26 岁时他遭遇个人经济危机，债台高筑。在财务顾问的帮助下，他开始实施个人发展战略，不到 4 年时间就摆脱了债务，并获得了源源不断的利息收入。他决定把自己的理财经验与更多的人分享，这就是《小狗钱钱》的由来。

《小狗钱钱》中，舍费尔用生动的理财童话，教会读者如何从小学就学会支配金钱，而不是受金钱的支配；如何像富人那样思考，正确地认识和使用金钱；如何进行理财投资，找到积累资产的方法，早日实现财务自由！

该书德语版一出版即登上德国各地销售排行榜榜首，成为欧洲最畅销的理财图书，随即在全球引发了一场“金钱童话”的热潮，荣登德、英、法、日、韩各大畅销书排行榜第一名，作者本人也有了“欧洲第一金钱教练”的美誉。

2002 年《小狗钱钱》中文版出版，在国内很快引起巨大反响，长时间位居各大平台畅销书排行榜第一名，媒体好评如潮。

内容梗概

全书共 18 章，讲述了 12 岁的小女孩吉娅和一只名叫钱钱的小狗如何学习理财，并帮助家庭渡过难关的故事。

吉娅是个普通女孩，她的父母陷入了经济困难，经常因债务引发争执，而喜欢小动物的吉娅也因经济原因不能养狗。一次偶然的机会，全家人救助了一只受伤的小狗，并给它取名叫“钱钱”，吉娅和小狗产生了深厚的感情。令人吃惊的是，钱钱居然是一位深藏不露的理财高手，而且具有与人类意识相通的超能力。

在钱钱的帮助下，吉娅列出了十条梦想清单，找出其中最能用钱解决的三件事，制作了梦想相册和梦想储蓄罐，并且开始写自己的成功日记。这些看上去很简单的、没有什么前景的事情却让吉娅的生活逐渐发生了变化，她从一个负向问题思考者变成了积极思考者，开始聚焦问题，思考解决途径，逐渐变得自信起来，并开始有勇气面对生活中的问题。更重要的是，她利用自己善于和动物打交道的爱好，找到了第一份兼职工作——替一对老年夫妻遛狗和训练他们的狗。同时，在积极思考的指引下，她还找到了能够帮助自己解决财务困境而且更有行动力的表哥作为伙伴，然后又获得了财富指导金先生的帮助，后又经银行职员的介绍，通过开拓遛狗业务认识了基金投资人陶穆太太。

在故事后半部分，吉娅已经成为 16 只小狗的训练师和专业遛狗人，雇用了朋友同学帮她照顾它们。此外，她还有基金投入、演讲的收入，甚至财富管理者也开始邀请这个十几岁的姑娘作为合伙人经营儿童理财的创业项目。故事结束时，她已经在不知不觉中实现了自己和身边所有人都觉得不可能实现的三个愿望，并且掌握了远超成人的财富。

经典篇章

第三章 达瑞，一个很会挣钱的男孩

这一章是小狗钱钱给吉娅讲的第一个故事，故事的主人公叫达瑞。小时候的达瑞非常有商业头脑，通过帮邻居喂宠物、看房子、送报纸和给植物浇水等方法获取自己的额外零花钱，12 岁时出版了自己的畅销书，15 岁创办访谈节目。当他 17 岁时，已拥有了几百万美元。

类似达瑞的故事在青少年早期教育中并不鲜见，但本书用看似俗套的故事对主人公吉娅进行教育的背后，还兼有校正吉娅的金钱观的意图，这种观念来自父母，尤其是她的母亲，造成了她的不自信。故事促使吉娅对自身劳动价值进行重估，不断帮助她提升自信心，还对她的行动力、执行力、做事风格进行了引导与训练。一个老套的故事，却在书中通过精巧的构思、丰富的知识和天马行空的想象，变得熠熠生辉。

书中关于 72 的法则

书中出现了三个关于理财的 72 的法则。

第一次，吉娅没有完成制作梦想相册，并找了各种理由和借口，这时小狗告诉她："当你决定做一件事情的时候，你必须在 72 小时之内完成，否则你很可能永远不会再做了。"作者没有解释这个规律的来由，但是吉娅接受了这个规则，改变了自己做事犹豫不决、拖延的习惯。

第二次是陶穆太太给三个儿童合伙人介绍基金投资时提到的。72 除以一笔资金的年收益率百分比的分子，得到的数字就是一笔资金进行该投资后金额翻倍的时间。例如，某投资年化收益 12%，72 除以 12，得到 6，意味着一笔 100 元的投资，6 年后将会变成 200 元。

第三次是金先生向吉娅介绍通货膨胀率以及为什么银行是一个"吞钱兽"时提到的——用 72 除以通货膨胀率百分比的分子，就是一笔资金若干年后价值贬值为一半的时间，比如通货膨胀率为 3%，72

除以3，得到24，意味着100元在24年后购买力只有如今的一半。

72可能只是一个巧合，用于严肃的经济学教材显得草率，但在这些故事中却用一种神秘的巧合，不费吹灰之力就让我们明白了及时完成、不拖延这一重要的生活经验，明白了通货膨胀带来的资产损失，明白了财富滚动发展的秘密，不得不让人为作者的精巧构思叹服。

精彩语段

“……你的梦想相册进展如何？”

我涨红了脸说：“我已经开始做了。可是我没有合适的笔记本电脑和旧金山的照片。我也没有为我的梦想储蓄罐找到合适的图片。我本来是打算找照片的，可是我把这件事彻底忘掉了。”

钱钱用不满的目光盯着我，毫不留情地说：“你想象了吗？你的成功日记呢？你昨天往里面写什么了吗？”

“可我一直在为其他的事烦恼呀。”我吞吞吐吐地说，“我害怕会失去你，我根本没有办法集中思想做那些事情。”

“这我理解，”钱钱答道，“可是，这正是许多没有钱的人爱犯的错误。他们总是有那么多紧急的事情要做，以至于没有时间来关注重要的事情。”

“这一点我不明白，”我对钱钱说，“有什么事情比让你留在我的身边更重要呢？”

“我已经说了，我理解你的心情，”我听见它说，“但是你姑妈来之前你为什么没有做呢？你又有什么借口呢？”

“因为带拿破仑（狗名）散步能挣到许多钱，那时候我正高兴呢。”我答道。

钱钱严肃地看着我说：“我要告诉你3件很重要的事情。首先，在遇到困难的时候，仍然要坚持自己的想法。一切正常的时候，每个人都能做到这一点。只有当真正的困难出现时才能见分晓。只有少数人能坚定不移地贯彻自己的计划。那些非常成功的人，甚至有能力在他们最困难的时候作出最杰出的表现。”

我在琢磨钱钱的话。这些话似乎已经听过了，是谁对我说过的呢？对了，是马塞尔。他的第二条神秘的忠告："情况顺利的时候，人人都能挣到钱。只有在逆境中，一切才能见分晓。"我发现，我还有那么多的东西要学。

钱钱对我点了点头，说："困难总是在不断地出现。尽管如此，你每天还是要不间断地去做对你的未来意义重大的事情。你为此花费的时间不会超过10分钟，但是就是这10分钟会让一切变得不同。大多数人总是在现有的水平上停滞不前，就是因为他们没有拿出这10分钟。他们总是期望情况能向有利于自己的方向转变，但是他们忽视了一点，那就是他们首先必须改变自己。"

——节选自《第五章　钱钱以前的主人》

金先生接着说："大多数人生来并没有'鹅'。这就是说，他们的钱不足以让他们依靠利息来生活。"

"可是要靠利息生活的话，这个人肯定得有很多很多的钱才行，是这样吗？"我不解地打断了金先生的话。

"你需要的钱其实比你想象的要少得多。"金先生答道，"如果你有2.5万马克，能得到12%的利息的话，那每年就有3000马克。"

"哇！"我兴奋地叫出了声，"那每个月就是250马克。而且我根本不需要动用我的2.5万马克。"

"正是如此。"金先生对我的说法表示同意，他接着说，"那么2.5万马克就是你的'鹅'，而你是不会'杀'它的。"

…………

"……比如一旦你有了3000马克，你可以马上飞往加利福尼亚——可是那样的话，你也就'杀死'了你的'鹅'；你可以选择将一部分钱存起来，那样过了一段时间之后，仅靠每年的利息，你就可以飞往加利福尼亚了。"

——节选自《第七章　在金先生家》

阅读感悟

很多情况下，人们并不是收入太低，而是不懂得如何结合实际分配和管理自己的财富。合理分配、积极理财，能让我们变得更富有。就像人生一样，有时我们觉得自己所处的环境太压抑，是因为我们看待问题的眼光太狭隘，或者对问题缺乏主动管理和积极经营的意识与作为。做人做事要勇于尝试，积极有为，像故事中的主人公一样，敢于去冒险并不断挑战自我，在自我磨砺的过程中不断成长。

读完全书，我们会愈发明白，不可只顾眼前利益而丧失了最大的利益。“金钱只会留在那些为之付出努力的人身边。用非法手段取得不义之财的人，反而会比没钱的时候感觉更糟糕。金钱就像一个放大镜，它帮你更充分地展现你本来的样子。好人可以用钱做很多好事，而如果你是盗贼，那你可能会把钱挥霍在一些蠢事上。”这段话给了我很深的启示，金钱是工具，并不是万恶之源，关键是如何对待它。生活在今天的人们，很难像古人那样将金钱蔑视为粪土、阿堵物，良好的理财意识将会帮助我们解决后顾之忧，完成更多的梦想。

此外，书中的成功方式不仅可以运用到财富管理方面，也可以应用到日常生活中来。比如书中使用“成功日记”建立自信的办法，通过聚焦目标不断自我激励，通过分工合作完成任务的经验，以及不懂的地方应该向专业人士询问建议，重视日积月累的效果，等等，都可以运用在工作和自我成长中。

拓展阅读

1.《财务自由之路》：［德］博多·舍费尔著，刘元译，南海出版公司 2010 年 1 月第 1 版；

2.《新教伦理与资本主义精神》：［德］马克斯·韦伯著，于晓、陈维纲等译，生活·读书·新知三联书店 1987 年 12 月第 1 版。

科技、军事

《科学的旅程（插图版）》

基本信息

作　者：［美］雷·斯潘根贝格　［美］戴安娜·莫泽
译　者：郭奕玲　陈蓉霞　沈慧君
校　订：陈蓉霞
出版社：北京大学出版社
版　次：2008 年 11 月第 1 版

图书经纬

雷·斯潘根贝格和黛安娜·莫泽均为美国当代著名科普作家，纽约公共图书馆“最佳青少年读物”获奖人。他们合作出版有 50 多部科普书籍，许多作品被翻译成多种文字，畅销世界各地。

《科学的旅程（插图版）》于 1993、1994 年起陆续在美国出版。该书写作角度新颖，创作理念上区别于传统科学史图书，兼具科学史的知识性和社会史的人文关怀。书中不仅写“资料的历史”——什么时候、什么人干了什么事情——揭开被科学辉煌成就遮蔽了的真实历史，还将科学观念变革过程和科学思想发展历史呈现在读者面前。最可贵的是，叙述时不仅以时间和科学成就为线索，还将生活于其中的科学家们作为重心，展示了他们的生活成长轨迹，他们生活的社会环境与时代特征，极具人文性。因此，此书展现的科学史是一部由“正确”与“错误”、“成功”和“失败”共同编织的充满人情的历史，同时具有知识性、趣味性、思索性，是进行科学教育的优秀图书。

另一方面，本书口语化的叙述风格、跌宕起伏的故事情节、批判性的思维方法、典雅时尚的版式插图，引领读者走进一片迷人的科学世界。

《科学的旅程》英文版和中文版都获奖无数，其中中文版曾获“第五届国家图书馆文津图书奖第一名”“2009 年影响教师的 100 本图书”与“2012 年全国科普优秀作品”等多种大奖。

内容梗概

本书大致以时间为线索，将西方科学发展的过程分为五编：《科学诞生》《理性兴起》《综合时代》《现代科学》《科学前沿》。以各个不同时代的杰出科学家为坐标，展示了科学从巫术、占星术等非理性领域起源，分化为物理、宇宙学、化学、生物、医学、哲学等学科的光辉历程。从亚里士多德、伽利略、牛顿到笛卡尔、培根，从观察、实验到假设、理论研究，从被颠覆的宇宙体系到牛顿定律，从物理化学到生命科学，从科学到社会，从古希腊时代到“新世纪”的今天……西方科学史上出现的重要人物、现象、里程碑式的发现如同一幅画卷在本书中陆续展开。

打开《科学的旅程（插图版）》，从知识层面，读者可以了解今天发达的科技社会是怎样一步步而来，熟悉西方的历史文化、思想发展过程；从方法层面，可以明白科学从归纳推理的观察、实验，到演绎推理的假设、证明的理论研究的发展过程；从思想层面，可以明白科学与时代、哲学、社会历史发展的关系，理解科学精神的内涵，知道科学的本质。

本书不回避艰深的科学理论，也不故意将其神秘化，同时更注重科学精神的探索，是一部非常值得阅读的科学史著作。

经典篇章

第一编第六章　牛顿、运动定律和“牛顿革命”

牛顿，1643 年出生于英国林肯郡的农场，1727 年在伦敦去世，被视为英雄葬在威斯敏斯特大教堂，享年 85 岁。

毫无疑问，牛顿是有史以来最伟大的科学家之一。牛顿生活在一个伟大的时代，科学被广泛关注，充满挑战、交流和争论，他卷入其中。牛顿站在前代科学巨人的肩上，接受了两大遗产：一是培根和伽利略的实验主义和归纳方法，二是笛卡尔的定量方法。两相结合打造出更强大的科学工具——运用数学工具表达并构建科学实验结果，科学由此进入了牛顿时代。他所开创的方法与思想，为现当代科学发展奠定了基础。另一方面，牛顿的诸多思想成为工业革命的有力支撑，强化了英国日益增长的经济实力，使英国逐渐成为世界霸主。

本章关于科学与经济、社会、政治发展关系的论述，磅礴而不芜杂，读来酣畅淋漓，动人心魄。

第五编第七章　生命的起源和边界

本章一共 8 个小节，从原始汤、黏土说等生命起源学说讲起，介绍了生长因子、病毒、基因工程等生命科学在 20 世纪下半叶的科学发展过程。其中既有 1950 年代米勒的原始汤中无机物生成有机物过程的详细描述，也有对艾滋病等人类病毒性基本发展和治疗过程的描述以及伦理学、社会学方面的研讨，还有克隆羊、转基因工程等 21 世纪初期到至今依然很热门的科学研究的介绍与探讨。本章对生命科学发展过程和关键技术突破过程的叙述十分系统、清晰，对一些技术在医疗、生产领域的影响也做了介绍、阐释，既有专业性又有普及性，尤其对大众关心的“艾滋病毒”问题做了专业分析，又从伦理、社会学角度进行了探讨，体现了本书兼具科学性与人文性的特征。

本章中有 11 幅图片，有些是关于微观细胞机制或原理的说明，有些是科学家工作的实景照片，有些是病毒或细菌的微观照片，有助于读者对所述内容进行直观想象。此外，本章中插入了三篇背景知识内容，涉及生命科学发展早期与宗教造物论者的理论斗争、遗传学中转座子的发现过程、人类基因组计划等，这些内容既与正文密切相关，又能独立阅读，对正文从多重维度做了生动补充，拓展了知识面，增加了可读性。

精彩语段

到了17世纪末，科学家已经成功地挣脱了对古代和中世纪那些权威的盲从，无论那些权威的来头有多大。科学家们满怀新的反叛热情，彻底颠覆了托勒密在天文学、盖伦在生理学、亚里士多德在物理学以及几乎所有其他领域中的地位。这种反叛最终被称为“科学革命”，反叛者急切地用怀疑主义重新审查每一条古训，用新的理性、观察、实验和数学标准检验每一项假定。

人们以世界将变得更好这一信念迎来了18世纪，这一信念有一个名字，叫作进步主义。这是一个充满激情和活力的时代，在所有的科学领域，包括物理学、天文学、地质学和生理学，激动人心的发现层出不穷。

——节选自《第二编　引言》

也许没有其他女性科学家像玛丽·居里和她的一家那样，获得如此之高的尊敬和名声。她的科学生涯开始于她所从事的物理学领域突然间备受关注的年代，而她本人的坚强性格和非凡才能反过来又为该学科增添了更多的魅力和来自公众的敬畏。

…………

戈佩特-梅耶在1933年有了第一个孩子，这一年也是犹太科学家从德国大批离去的开始。由于她所从事的领域里第一流的科学家大多来到美国，结果使她有机会向这些科学家请教。物理学家泰勒(Edward Teller，1908—2003)邀请她一起工作，因为她擅长数学，在这个领域里作出过重要贡献。1963年，戈佩特-梅耶荣获诺贝尔物理学奖。在一次采访中她说道：“如果你爱科学，你真正需要的就是继续工作。诺贝尔奖会使你激动，但是它决不会改变什么。”

——节选自《第四编第十章　妇女在科学中》

阅读感悟

《科学的旅程》不仅是一本客观科学史的书。比起科学知识和方法的进步，作者对生活在科学发展过程中的科学家、整个人类社会的状况更为关注。其中有很多科学家的故事，甚至野史故事。读过本书才知道原来科学的旅程中不乏旁门左道，甚至歪门邪道，例如同处于牛顿时代，与牛顿一样致力于自然界奥秘并且具有相当研究功力的研究者大有人在，但他们却不幸误入歧途，不能在科学中做出应有发现。可以说，正因为本书披露了许多鲜为人知的细节，增加了趣味性和可读性，才使科学更贴近日常生活，不再冷漠和高不可攀。

通过阅读，我深刻领悟到，“科学的旅程”不是科学的某个分科的历史，而是科学本身发展的过程。科学史中体现的科学精神，正是科学的重要组成部分。它揭示出科学实际上是一种思维方法，一种不断变化的对世界的看法。同时，它也是发现世界背后机制的一种非常特别的方式，帮助科学家设计出一系列有助于发现自己错误的规则，以确保及时纠错，而这就是科学的本质——科学是人认识世界的一种方式。

当代社会学科发展高度精细化，研究者越来越局限于某一个专业领域，或某个专业方向。但《科学的旅程》用“历史”的方式，沟通了人文学科中的历史、哲学甚至文学的内容，是“全人”思维的体现，因此这本书可推荐给从事或不从事科学研究的、初中至研究生的广大读者。

拓展阅读

1.《科学的历程》（第二版）：吴国盛著，北京大学出版社 2002 年 10 月第 1 版；

2.《自然哲学之数学原理》：［英］牛顿著，王克迪译，北京大学出版社 2006 年 1 月第 1 版；

3.《物种起源》：［英］达尔文著，舒德干等译，北京大学出版社 2005 年 10 月第 1 版。

《上帝掷骰子吗？——量子物理史话》

基本信息

作　者：曹天元

出版社：北京联合出版公司

版　次：2013 年 9 月第 1 版

图书经纬

曹天元（网名 Capo），科普作家。1981 年生于上海，中学毕业后赴美国和中国香港读书，主攻生物化学和电子工程，现任 CCTV 新科动漫首席品牌顾问。《上帝掷骰子吗？——量子物理史话》是其代表作，出版后长期处于中国本土科普类书籍畅销排行榜前列，被称为中国的《时间简史》。曾获第三届“吴大猷科普奖”，国家图书馆文津图书奖。

本书有较强的故事性和文学性。《中华读书报》评论说，这有点像物理学史的《射雕英雄传》，各路高手纷纷登场，展示自己的独门功夫，看得人眼花缭乱，一个回合一个回合演绎出来，其艺术效果直追金大侠笔下的“华山论剑”。

内容梗概

量子论是现代物理学中最成功的理论，也是最“奇怪”的理论。从神秘的不确定性原理到薛定谔那只著名的猫，量子论的本质即便在物理学家当中也引起了广泛争论，对普通读者来说更是像天书一样难懂。本书共 12 章，从量子论最基本的原理——麦克斯韦电磁效应出发，一直讲到量子学最前沿的进展，也回答了哲学上的“大问题”：人类生存的时空是否只有一种可能性？人类的未来是早已注定的吗？

作者从经典物理学的鼎盛时代讲起，沿着量子物理发展的道路，一直讲述到当代量子物理发展的前沿，情节跌宕起伏，语言华美流畅，引人入胜地带领读者做了一次关于现代量子物理学知识和历史的发现之旅。

本书还不无风趣地介绍了不少科学家的故事，看似和主题不相关，但辐射了当代物理学的众多人物和领域，颇具趣味性和可读性。

经典篇章

01　黄金时代

故事从 1887 年鲁道夫·赫兹在德国小城卡尔斯鲁厄大学的实验室发现电磁现象讲起，将物理史上“波粒战争”和亚里士多德的以太学说以倒叙的方式娓娓道来，以宏大叙事的笔法将赫兹、麦克斯韦构建电磁理论的数学过程描述得烂漫又富有感染力。

作者将牛顿经典力学体系比喻为城堡，将在新的电磁理论基础上构建的经典电动力学、经典热力学构成的经典物理学大厦体系，比喻为华丽而雄伟的宫殿，然后又用轻快的笔法写下了 19 世纪末期的一系列重要发现，如光对电磁波的影响，X 射线、铀元素放射性、电子的发现等，在经典物理学的大舞台上为量子的出现拉开了序幕。由于剪裁得当，西方经典物理学几百年，乃至一两千年的过程并不觉得沉重难懂，被作者以正文和“饭后闲话”亦庄亦谐、游刃有余地进行了拆解、组合，读来有一种拨开迷雾见太阳的通透感。这一章还描写了几个经典场景，比如说 17 世纪时的第一次微波战争。作者把枯燥的物理学知识、复杂的原理、难记忆的人名融于诙谐的语言和生动有趣的情节中，以武林高手过招的笔法生动再现了这一过程，十分精彩。

08　决战

量子力学大师玻尔和其反对者爱因斯坦在量子力学理论成立之初

进行了三场论战。1927 年科莫会议拉开序幕，几个月后在布鲁塞尔召开的三年一届的第五届索尔维会议上，二人分别站在经典物理和量子新力学立场，进行了精彩纷呈的论战。三年后的 1930 年，俩人又在第六届索尔维会议上交锋。1935 年，爱因斯坦以论文的形式质疑量子论。三次论战都是当时物理学界的顶尖学者之间的过招，弥漫着浓烈的硝烟和精彩绝伦的思维碰撞。

精彩语段

我们再回过头来看看物理史上的伟大理论：牛顿的体系闪耀着神圣不可侵犯的光辉，从诞生的那刻起便有着一种天上天下唯吾独尊的气魄。麦克斯韦的方程组简洁深刻，倾倒众生，被誉为上帝谱写的诗歌。爱因斯坦的相对论虽然是平民出身，但骨子里却继承着经典体系的贵族优雅气质，它的光芒稍经发掘后便立即照亮了整个时代。这些理论，虽然也曾有磨难，但它们最后的成功都是近乎压倒性的，天命所归，不可抗拒。而伟人们的个人天才和魅力，则更加为其抹上了高贵而骄傲的色彩。但量子论却不同，量子论的成长史，更像是一部艰难的探索史，其中的每一步都充满了陷阱、荆棘和迷雾。量子的诞生伴随着巨大的阵痛，它的命运注定了将要波折不断，甚至一直到今天它还在与反对者们不懈地搏斗。量子论的思想是如此反叛和躁动，以至于它有着一种与生俱来的对抗权贵的平民风格；而它显示出来的潜在力量又是如此巨大而近乎无法控制，这一切使得所有的人都对它怀有深深的惧意。

…………

普朗克压根也没有想到，自己的理论在历史上将会有着多么大的意义，当后来的一系列事件把这个意义逐渐揭露给他看时，他简直都不敢相信自己的眼睛，并为此惶恐不安。有人戏称普朗克就像是童话里的那个渔夫，他亲手把魔鬼从封印的瓶子里放了出来，自己却反而被这个魔鬼吓了个半死。

…………

而普朗克的保守态度也并不是偶然的。实在是量子的思想太惊人，太过于革命。从量子论的成长历史来看，有着这样一个怪圈：科学巨人们参与了推动它的工作，却终于因为不能接受它惊世骇俗的解释而纷纷站到了保守的一方去。在这个名单上，除了普朗克外，更有熠熠生辉的瑞利、汤姆逊、爱因斯坦、德布罗意，乃至薛定谔。这些不仅是物理史上伟大的名字，好多更是量子论本身的开创者和关键人物。量子就在同它自身创建者的斗争中成长起来，每一步都迈得艰难而痛苦不堪。

——节选自《02　乌云》

阅读感悟

作为一本科学史普及读物，本书有描述生动、文笔流畅、科学严谨、深入浅出的特点。比如作者把波动说和微粒说比作两个吵闹的孩子，以他们的对话巧妙地把深奥的科学道理介绍给读者。再比如物理学家的相互交锋，被诗意化描述为“华山论剑”的过程，跌宕起伏，精彩纷呈，读之让人欲罢不能。

读完本书，我为量子物理学的发展过程而震撼，也为量子物理学家们卓有成就的工作叹为观止。随着时间的推移，量子物理学的发展经历了一个由小到大、由浅入深、由表及里、由粗到精、由感性到理性的过程。从普朗克提出量子论，到爱因斯坦的光量子假说，再到波尔引用普朗克常数提出波尔模型，到薛定谔提出的可通过常规公式推导的波动公式……物理学家一次次推翻过去，提出一个又一个新奇的理论，不断相互切磋砥砺，努力寻找宇宙真相的精神和过程深深打动了我。

书中为量子力学着魔的科学家简直就像引爆了大脑，各类奇思异想都是为了解释这个任何人都无法理解而疯狂的微观世界。寻求真理的道路“路漫漫其修远兮”，但一路上科学家们“吾将上下而求索”的坚韧使人肃然起敬，我的心灵被他们的故事和情怀深深震撼。

拓展阅读

1.《寻找时间的边缘——黑洞、白洞和虫洞》：［英］约翰·格里宾著，王大明、李斌译，海南出版社2014年6月第1版；

2.《三体》：刘慈欣著，重庆出版社2008年1月第1版。

《信息简史》

基本信息

作　者：［美］詹姆斯·格雷克
译　者：高　博
审　校：楼伟珊　高学栋　李松峰
出版社：人民邮电出版社
版　次：2013 年 12 月第 1 版

图书经纬

詹姆斯·格雷克（James Gleick），1954 年生于纽约，美国著名科普作家。毕业于哈佛学院，曾长期在《纽约时报》担任记者和编辑，并多年为《时代》周刊撰写科技专栏。1987 年，他出版了第一部科普著作《混沌：开创新科学》，成为美国最受欢迎的科普作家和畅销书作家之一。他穷七年之功完成的《信息简史》于 2011 年出版，其他科普著作还有《费曼传——1000 年才出一个的科学鬼才》《越来越快——飞奔的时代飞奔的一切》《牛顿传》等。

科学史学者吴军说，这本书与其说是一部科技史书，不如说总结了一种世界观，即信息是宇宙固有的组成部分，与力、运动等概念一样，而世界上几乎任何事物都可以用信息的方式量化，也就是说“万物皆比特”。

内容梗概

从20世纪中期至今，随着计算机和互联网技术的兴起和迅速普及，人类进入了信息时代。信息为人类社会带来的变革可谓前所未有。信息究竟是什么？这场变革究竟是如何发生的？人类却未必很早研究它。本书从信息视角回顾人类文明史，同时也是回顾信息理论发展过程的一本理论与历史结合的书。全书共15章，每章选取不同主题，撷取人类发展历程中的关键片段，展现人类对信息的认知处理不断演进的历程。

第一部分，历史（1—6章），分两个阶段，介绍史前到1950年代人类与信息遭遇的历程。信息传递是古代文明进步的重要阶梯，第一阶段，从对非洲原始部落最早的通信工具——鼓开始，论及语言文字的发明和第一部英文词典的诞生，展现了人类初步获取、处理和传播信息的过程。第二阶段，从第4章“将思想的力量注入齿轮机械（喔，欣喜若狂的算术家啊！）”开始，介绍了人类利用机械处理信息、信息机器演进、信息演进、信息人物史。

第二部分，理论（7—13章）。理论指以香农信息论为核心的信息学理论。前半部分主要讲述20世纪中期到21世纪初期信息学转向的历程。1948年美国科学家克劳德·香农提出了新的信息论，这一理论犹如一股洪流，在心理、热力、遗传、传播和量子物理等原本毫不相关的领域，掀起了一场又一场深刻的变革。后半部分构建了信息与熵、基因的关系，与社会单、概率、复杂系统、物理世界的多元关系，并提出“万物源自比特”的观点。

第三部分，洪流（14—15章）。这部分作者将目光投向当下：20世纪末至今是互联网时代信息浪潮奔涌的时期，对人类生活形成了巨大冲击。作者在尾声中指出，整个人类发展历程与人类对信息的理解与认识息息相关，从某种意义上来说人类是信息的主人。

三部分以人类与信息的关系为线索构成有机整体，回顾了人类处理、利用信息的过程，展现了人类对信息这一概念不断加深认识的过程，最终揭示了信息对人类社会的深远影响，预测了信息在社会发展中的新趋向。

经典篇章

第 7 章　信息论（我想要的不过只是一颗寻常的大脑）

图灵关于不可计算的数的天才设想和在思想中设计的包括通用图灵机在内的思想实验，让数学领域发生了惊天动地的变化；而香农以《密码学的数学原理》为代表的论文，提出对于信息的研究应该排除其中的“生理因素”，集中注意在“物理层面”，提出了信息是熵的理念，指出通信的基本问题是在一点上精确地或近似地复现在另外一点所选取的信息，不但为军事领域的密码分析——密码破译和保密通信——做出了很大贡献，而且提示了一个全新科学研究领域的到来。

第 13 章　信息是物理的（万物源自比特）

本章连接第二和第三两部分，介绍了信息学与 20 世纪另一同样辉煌的学科分支——量子力学的交汇。一方面，量子力学中一系列颠覆人类认知的结论，在量子信息学的重构下获得了更深刻的内涵。另一方面，基于量子信息学的量子计算机的构想，远超现行一切计算机的计算性能，成为公认的最有潜力取代经典冯·诺依曼体系的下一代计算机。本章为两种理论的结合勾画了无比壮美的蓝图。

精彩语段

外行人可能会认为，通信的基本问题是使自己的意图被人理解，是传递意义，但香农描绘的场景却大为不同：

> 通信的基本问题是，在一点精确地或近似地复现在另一点所选取的讯息。

“点”是个经过精心选择的措词，它意味着，讯息的信源和信宿可以在空间或时间上相分隔，而且信息的储存，比如唱片，也可算是一种通信。同时，讯息并不是创造出来的，而是选取出来的。一条讯息就是一个选择，它可能是从一副牌里选出一张牌、从一千个三位数中选出一个数，又或是从一个确定的码本中选出一组词。

——节选自《第7章　信息论（我想要的不过只是一颗寻常的大脑）》

米勒最后的总结颇有点宣言的性质。他宣称："这种语言的再编码，在我看来，正是思考过程的核心命脉。"

来自信息论的各种概念和度量方法，使得我们能够对其中一些问题加以量化。该理论给我们提供了一把量尺，借此我们可以校准刺激材料，并度量受试者的表现……

信息论相关概念的价值已经在辨别和语言的研究中得到了证实，并在学习和记忆的研究方面表现出了巨大的潜力，近来甚至还有人建议它在概念形成的研究中也可以有用武之地。许多在二三十年前看来不会取得什么成果的问题，或许现在值得重新审视一番了。

这就是在心理学史上被称为认知革命的开始，一门结合了心理学、计算机科学和哲学的认知科学也由此发端。事后回想起来，一些哲学家也将这一时刻称为信息转向（informational turn）。

——节选自《第8章　信息转向（形成心智的基本要素）》

有机生命的高分子将信息嵌入高度复杂的结构当中。比如，一个人类的血红蛋白分子包含四条盘绕折叠的多肽链，其中两条各含141个氨基酸，另两条各含146个，其上的所有氨基酸都以严格的线性顺序排列。要是让氢、氧、碳、铁原子随机混合，就算穷极宇宙一生的时间恐怕也不见得会组成一个血红蛋白分子，就像黑猩猩在有限的时间内几乎不可能敲出莎士比亚全集一样。高分子的生成离不开能量；它们由较简单、较无序的单位组合而成，熵的定律在这里同样适用。对地球上的生命而言，能量来自太阳的光子，信息则来自进化。

…………

纸面上的那些四分音符和八分音符并不是音乐。音乐不是空气中的一系列声波，也不是唱片上的纹路或光盘上的凹坑，甚至也不是在听众脑中激活的神经元交响曲。音乐就是信息。同样地，DNA 的碱基对也不是基因，它们只是编码了基因。基因本身是由比特构成的。

——节选自《第 10 章　生命的编码（关于生物体的完整描述都已写在了卵里）》

阅读感悟

科学发展和技术进步是推动社会进步的重要力量，人类对信息的理解和认识才刚刚起步。一本好书不仅能够在阅读过程中带给读者丰富的知识，而且能在阅读完毕后引发读者深刻的思考，甚至引发世界观的更迭，《信息简史》正是这样的一本好书。

读本书之前，我以为信息和知识一样，是一种人造物，是人类文明的一部分。读了本书我渐渐明白，信息也是世界本质的一部分，而且信息是物理的，只是说信息不是肉眼可见的物质，却一定存在于物质中，是物质的一部分。读完本书，我意识到，信息是一种视野，一种世界观。作者从信息的视野重新书写了人类文明史，认为信息论的出现还改变了生物、化学、物理学甚至哲学的发展，信息时代的到来也改变了每一个人的生活，我们应该更多、更深入地了解信息，用信息的观念重新考量已有的认知。

人类是这个世界上最活跃的生物，注定了我们不甘寂寞，要去探索外部世界与人类自己。从肢体语言，到鼓点节奏，再到如今可以被记录的文字，这是一个质的飞跃。写过的文字留于纸上，在不同的时间去解读，能得到不同的领悟。然而，信息的魅力远不止于此。信息没变，变的只是传播信息的载体。

拓展阅读

1.《浪潮之巅》（第 2 版）：吴军著，人民邮电出版社 2013 年 7 月第 1 版；

2.《世界是数字的》：［美］柯林汉著，李松峰、徐建刚译，人民邮电出版社 2013 年 7 月第 1 版。

《孙子兵法》

基本信息

作　者：孙　武

译　注：陈　曦

出版社：中华书局

版　次：2011 年 10 月第 1 版

图书经纬

孙武（约前 545—约前 470），字长卿，春秋末期齐国人，著名军事家，成名于春秋战国之交，后人尊称为孙子。孙武在世时适逢齐乱，遂去齐归吴，专事兵法研究，著成《孙子兵法》。

《孙子兵法》又称《孙武兵法》，简称《孙子》，是中国古代最伟大的兵书，也是现存最早的一部兵书。《孙子兵法》在中国军事史上占有重要地位，其军事思想对中国历代军事家、政治家、思想家产生了非常深远的影响。《孙子兵法》已被译成日、英、法、德、俄等十几种文字，在世界各地广为流传，享有“兵学圣典”的美誉。

内容梗概

《孙子兵法》凡十三篇，分别论证了战争中的“计”“作战”“谋攻”等问题，对当时的战争经验作了充分总结，提出了诸如“不战而屈人之兵”“知己知彼，百战不殆”等军事主张。

一方面，《孙子兵法》对战争的制胜条件进行全面的论述，总结出“道”“天”“地”“将”“法”五大制胜因素。五大因素中，孙武特别强调了“道”的作用，主张军事是为政治目的服务的，而完善的政治基础是军队获胜的根本。

另一方面，在战略、战术方面，《孙子兵法》也有明确主张。在大战略上，孙武主张“必争全于天下”，其中“全”就包括谋略、外交、军事等多方面；从具体的战术学角度，孙子主张速战速决，这与其在战略学方面不主张轻举妄动的思想是一致的。

本书语言简练，文风质朴，善用排比铺陈叙说，比喻生动具体，刘勰称“孙武兵经，辞如珠玉”。

经典篇章

计篇

战争理论不能单单研究战术谋略，还必须将战争与政治挂钩，站在统摄全局的国家高度，理性地审视战争问题。本章深入探讨了战争的本质与利害，主张“兵者，国之大事，死生之地”，提出了“多算胜，少算不胜”的纲领性原则。

谋攻篇

在孙武看来，战争的最高目标是“全胜”，是迫使敌人全部投降。攻城略地，血流漂杵，把敌军杀得片甲不留，这种胜利不是孙武所推崇的。

用间篇

古往今来，间谍对谋划军事行动、决定战争胜利起着至关重要的作用。本章具体论述了军队作战中使用间谍的战略意义和方法，介绍了间谍的种类，提出了“非智者不能用间”的思想。不仅提到各种用间方法，更可贵的是其中体现的“致人而不致于人”“知己知彼，百战不殆”的思想原则。

精彩语段

故经之以五事，校之以计，而索其情：一曰道，二曰天，三曰地，四曰将，五曰法。道者，令民与上同意也，故可以与之死，可以与之生，而不畏危；天者，阴阳、寒暑、时制也；地者，远近、险易、广狭、死生也；将者，智、信、仁、勇、严也；法者，曲制、官道、主用也。凡此五者，将莫不闻，知之者胜，不知者不胜。故校之以计，而索其情，曰：主孰有道？将孰有能？天地孰得？法令孰行？兵众孰强？士卒孰练？赏罚孰明？吾以此知胜负矣。

——节选自《计篇》

故上兵伐谋，其次伐交，其次伐兵，其下攻城。攻城之法，为不得已。修橹轒辒，具器械，三月而后成；距闉，又三月而后已。将不胜其忿而蚁附之，杀士三分之一，而城不拔者，此攻之灾也。

——节选自《谋攻篇》

凡战者，以正合，以奇胜。故善出奇者，无穷如天地，不竭如江河。终而复始，日月是也；死而复生，四时是也。声不过五，五声之变，不可胜听也。色不过五，五色之变，不可胜观也。味不过五，五味之变，不可胜尝也。战势不过奇正，奇正之变，不可胜穷也。奇正相生，如循环之无端，孰能穷之？

——节选自《势篇》

阅读感悟

《孙子兵法》是中国人心目中的“兵经”，其中有典型的中国思维和中国智慧。如果将《孙子兵法》与《战争论》这部西方世界的“兵经”相比，会更加明白《孙子兵法》的独特性。《战争论》追求残酷战争，不惧摧毁的力量；《孙子兵法》则主张谋略战争，注重战争方法，强调政治目的高于战争杀戮与胜负，提倡在军事行动中尽量减少战争损失。相较之下，《孙子兵法》是大智慧！

这样的一本大智慧的书，不仅涉及军事，还涉及哲学、政治、经济等领域。在现代社会中，人们越来越把它提出的原则运用在了体育、商业等领域。在日本的一些大公司中，高层管理人员必须熟读《孙子兵法》。他们认为，这是一本“商战经典”，是任何人都应该深入学习的一本书。现实商场中竞争无处不在，虽然商场与战场竞争的激烈程度和方式不一样，但是都有竞争性和对抗性，学《孙子兵法》，同样可以学到其中谋划、用人等方面的大智慧。

《孙子兵法》博大精深，一时的阅读只能了解其皮毛，在今后的生活中，还需要我们结合自身实践慢慢感悟。静下心来细细阅读那些从历史中传承而来的宝贵文字，且读且思，总会感觉圣贤的叮嘱就在耳边，一路陪伴我们前行。

拓展阅读

1.《兵以诈立——我读〈孙子〉》：李零著，中华书局2006年8月第1版；

2.《孙子兵法详解》：黄朴民、高润浩著，岳麓书社2005年5月第1版。

《心胜》

基本信息

作　者：金一南

出版社：长江文艺出版社

版　次：2013 年 7 月第 1 版

图书经纬

金一南，1952 年生，江西永丰人，曾任中国人民解放军国防大学战略研究所所长，少将军衔，博士生导师，全国模范教师，全军优秀教师，连续三届获评国防大学“杰出教授”。中央党校、国家行政学院、北京大学等多所院校兼职教授，《中国军事科学》特邀编委，曾赴美国国防大学和英国皇家军事科学院学习。著有《竞争：生存与毁灭的抉择》《狂飙歌——前所未闻的较量》《苦难辉煌》等。

《心胜》为金一南将军首部随笔集，以极其广阔的视野、一以贯之的犀利文笔、磅礴的气势，生动客观地记录了世界近当代历史上不为人知的史料和将帅命运，同时还对中国乃至全球纷繁复杂的时局进行了理性、深刻的剖析。

内容梗概

全书围绕战争、战胜这两个核心，共分为“强军之梦”“将帅之风”“战略之思”“战争之道”“前事之鉴”“和平之履”“他山之石”“民族之魂”八章。八个章节又可概括为三部分：战争论、战胜论、战例分析。

书中，金一南将军首次提出全新概念——心胜，从心胜的理念、历史的分析、现实的需要，系统地讲述了“心胜则兴、心败则衰”的历史定义，发出“灵魂与血性关乎命运”“唯有心胜、才能担当”的时代呼唤。作者针对当下强势不足、弱势有余，阳刚不足、阴柔有余的风气进行了批判，赋予每个人、每个组织乃至整个民族以力量。

经典篇章

二、将帅之风

从朱德、彭德怀到贺龙、叶剑英、粟裕，从帕夫洛夫、朱可夫到阿里尔·沙龙，不同的将领有不同的气质、不同的风格。但在优秀将帅的身上，总有一些共同的素质：坚定的信仰、必胜的信念、艰难困苦的磨练、枕戈待旦的清醒，这些是将帅身上最耀眼的品质，也是战争胜利的重要保障。

八、民族之魂

民族之魂，包含民族自尊、民族自信、民族自强，是一个民族存在和发展的精神支柱。作者通过古今惨烈的苦难与屠杀启示读者，“民族自尊从来不是养尊处优中的自我欣赏、自我陶醉与自我炫耀，而往往是在民族命运经受大挫折、前进之途充满大艰难、生命集合体面临大苦难之时的精神历练与灵魂展示”。从百年屈辱到民族复兴，需要当下每个中国人的携手并进。

精彩语段

1947 年，延安总部发言人评价苏中七战七捷时说：“粟裕将军的历史，就是一部为民族与人民解放艰苦奋斗的历史。”那是在光明与黑暗决战的关键时刻，对一个敢于战斗、敢于胜利的战将的评价。今天我们感叹他百战百胜，讴歌他百战百胜，是否能够真正明白他为何能百战百胜？当他随手拿起身边的茶杯、烟缸、棋子对周围人如数家珍般摆排出古今中外重大战役的时候，当和平时期数十年如一日、每晚就寝他都将衣服鞋袜仔细放好、一旦有事可随手摸到的时候，当生命垂危之时靠别人帮助穿衣服了，他还要按照军人要求把衬衣、毛衣整整齐齐扎进裤腰的时候，他的生命仍然是一支燃烧的火炬。

美军名将麦克阿瑟退出现役时说过一句名言：老兵永远不死，只会慢慢消隐。粟裕是一个永不退役的老兵。他一辈子在等待，在准备硝烟来临。他从来没有想到自己军事生涯和军事生命的消隐。除了战争，他别无所虑；除了胜利，他别无所求。对这样的老兵来说，军事家、政治家、战略家、战术家，都不是桂冠。只有"枕戈待旦"是真正的桂冠。勋章可以褪色，将星也会消磨，一个真正军人在和平年代颇具悲壮且特别珍贵的爱军尚武精神，金子一般万世长存。

在这样的军人面前，不管你懂不懂军事、是不是军人，都会明白：国家安全应该托付给这样的人。

——节选自《二、将帅之风》

我们正处在中华民族复兴进程中一个新的历史起点。面临的发展机遇前所未有，面对的挑战也前所未有。在这两个"前所未有"前面，能不能开拓新的精神流向，能不能建立新的精神家园，能不能养育并坚守如党的"十六大"报告指出的"以爱国主义为核心的团结统一、爱好和平、勤劳勇敢、自强不息的伟大民族精神"，对保证国家安全、发展从而真正达成中华民族的伟大复兴，至关重要。

屈原在其名篇《离骚》中说，"朝饮木兰之坠露兮，夕餐秋菊之落英"，民族精神的养育也是这样。精华之物，必须采集天地间精华才能培护。我每每被天安门前不论风雨都如涌如潮观看升旗仪式的人群深深感动，被向冉冉升起的五星红旗立正敬礼的花儿一样的少先队员深深感动，被步履蹒跚却向迎风飘扬的国旗脱帽鞠躬的白发苍苍的老者深深感动。中华民族的精神脊梁，就是在这种润物细无声的潜移默化养育中铿锵形成的。

——节选自《八、民族之魂》

阅读感悟

在《告台湾同胞书》发表40周年纪念会上，习近平主席那句“祖国必须统一，也必然统一”让人心潮澎湃。究竟是以战争还是和平的方式，那是战略层面的问题，而作为一名军人，始终该做的就是“枕戈待旦”。

通读《心胜》，让我明白了衰弱和腐朽将会带来多么巨大且深重的灾难。没有民族自尊，便没有国家安全，更奢谈民族自信、自强！同样，这本书还让我意识到一名真正的军人究竟该是什么样子：军人真正的力量，永远发自内心。心胜则兴，心衰则败，对一名军人而言，内心必胜的信念、不灭的信仰，才是军人血性最厚重的底色。

这样一本随笔集，寄托着作者对军队发展的厚望。今天，我们拥有前辈从未拥有过的物质财富，也面临着前辈从未遇到过的复杂问题。在这个时代，希望每名军人都能以“功成不必在我”的精神境界和“功成必定有我”的历史担当，构建“富贵不能淫，贫贱不能移，威威不能屈”的内心定力，为实现中华民族的伟大复兴而努力奋斗！

拓展阅读

1.《苦难辉煌》：金一南著，华艺出版社2009年2月第1版；

2.《竞争：生存与毁灭的抉择》：金一南、李兵著，辽宁人民出版社1993年7月第1版。

《叙利亚战争启示录》

基本信息

作　者：马建光

出版社：长江文艺出版社

版　次：2017 年 12 月第 1 版

图书经纬

马建光，1965 年生，俄罗斯问题专家，毕业于俄罗斯圣彼得堡大学，曾担任中国驻俄罗斯大使馆官员，现任国防科技大学国际问题研究中心常务副主任。著有《俄罗斯对外军事技术合作现状与前瞻》、《国际安全评论》（第一、二辑）等多部作品。

《叙利亚战争启示录》是马建光教授十余年学术积累的结晶，该书既有深厚的科技智慧作底蕴，又有鲜明的军事特色作支撑。

内容梗概

中东，历来是地缘政治的漩涡、大国博弈的战场。叙利亚反政府示威活动于 2011 年 1 月 26 日开始并于 3 月 15 日升级，随后示威活动演变成了武装冲突。叙利亚之战，指从 2011 年年初持续至今的叙利亚政府与叙利亚反对派组织、“伊斯兰国”（IS）之间的冲突，是中东失序的集中体现。这场战争不是正邪分明的较量，而是多股势力的缠斗。出兵叙利亚，是俄罗斯在苏联解体后进行的首次境外大规模军事行动，也是本书的中心问题。行动的背后有国家利益的驱使，但其中的“战胜密码”更值得我们深思。

《叙利亚战争启示录》深入叙利亚战争始末，纵览俄罗斯出兵叙利亚的全过程，深度呈现了俄罗斯布局叙利亚的棋盘。全书共七章，分别是："铁幕"下的突围，"混合战争"引领制胜机制，硝烟背后的探思，战争的馈赠与遗憾，帷幄之后的军火贸易，大国博弈的斗争智慧，刀光剑影下的追寻。

本书以战略的眼光、历史的角度、科技的底蕴、军事的特色，深入剖析俄罗斯的"大智慧"和一个大国进入世界政治博弈中心所需的资本。一方面，把战争形势的演变放在政治、经济全球化的大时代背景下进行了分析，尤其重视"混合战争"的出现与叙利亚复杂政治生态的关系对战争的影响；另一方面，又尝试解读战争对国际政治的微妙影响，阐释两者之间矛盾而统一的关系。除此之外，为帮助读者深入叙利亚战争的"前世今生"，作者旁征博引、广泛涉猎，从俄罗斯民族性格到叙利亚动乱缘起，从混合战争的由来到俄罗斯"战争外交"的细节以及战争得失等，都进行了重点剖析、深入探讨。

经典篇章

第一章 "铁幕"下的突围

苏联解体后，俄罗斯处于西方国家制造的重重壁垒中，处处受制、动弹不得。如何快速跳出重围、找寻战略突破口？出兵叙利亚，对俄罗斯而言意义巨大，既可突破西方封锁的壁垒，又可扭转中东格局的方向。

本章从政治、经济、军事、外交、文化等众多因素全面介绍俄罗斯出兵叙利亚的战略考量，重点阐述了"三步走"战略在俄美角力中发挥的重要作用，高屋建瓴，读后对国际局势有拨云见日之感。

第三章 硝烟背后的探思

"十年磨一剑，霜刃未曾试。今日把示君，谁有不平事？"唐代诗人贾岛的这首《剑客》，可以作为本章的一个引子。俄罗斯联邦武装力量"新面貌"改革结束不到五年，军事介入叙利亚的行动，震惊了西方，对叙作战的成功更是俄罗斯的高调“亮剑”。军事行动成功的背后，是战略层面的运筹帷幄，更是战术层面的巨大胜利。

本章深度探寻俄罗斯出兵叙利亚的制胜之源，从无人化作战力量、电子装备、情报站、作战中心、特种作战、空天军等六个方面全面总结了俄罗斯制胜的原因。

精彩语段

今日的俄罗斯虽力挽狂澜，但一锤定音的时刻尚未到来。新一轮叙利亚和谈在日内瓦重启，美军向叙利亚政府军基地发射59枚“战斧”巡航导弹，外交场合温文尔雅，利益博弈刀光剑影。斗争，素与武力相关，光靠教科书中的知识不足以在国际舞台上施展拳脚。俄罗斯人有俄罗斯人的办法，中国人也有属于自己的答案。习近平主席指出，当前的中国，正“前所未有地靠近世界舞台中心，前所未有地接近实现中华民族伟大复兴的目标”。当然，这也预示着中国将面临更复杂的形势和更大的挑战。“他山之石，可以攻玉。”俄罗斯在叙利亚的棋局不可复制，却是对我们一笔莫大的财富，以“他山之石”鉴照自身，在强国兴军的征途中披荆斩棘，铸就辉煌。

——节选自《自序　风物长宜放眼量》

新的“铁幕”已经降临，大国博弈已紧锣密鼓地拉开序幕，究竟谁会在这场博弈中抢得先机呢？美国情报官员透露，美政府意图策划一起“前所未有的网络秘密行动”以报复俄罗斯；白宫也警告称，若俄罗斯对阿勒颇的空袭继续，俄罗斯政府可能面临新的经济制裁。时任美国陆军参谋长马克·米莱甚至表示，美俄“发生武装冲突的可能性非常大，几近百分之百”。面对美国在政治、经济、军事等领域的全方位施压，俄罗斯只是言简意赅地表示：“对俄采取的任何敌对行动都将受到回击。”笔者认为，美国的咄咄逼人，更多是暴露了内心的不安。

“君子藏器于身，待机而动。”“风格硬派”的普京恰逢“天时地利”的良好机遇，积极斡旋出一盘“人和”之棋，在博弈中抢占了先机。

——节选自《第一章 “铁幕”下的突围》

俄罗斯的电子战力量包括电子攻击、电子战支援、电子情报获取等。近年来，俄罗斯的电子战力量正作为一个新的重要兵种从幕后走向前台。俄格战争后，俄罗斯迅速掀起“新面貌”军事改革，并取得了显著成效。目前，俄罗斯有以无线电电子技术公司（KRET）为代表的电子设备制造专业力量和专门的电子战部队。其中，作为俄罗斯军队电子战装备取得快速发展的一项重大突破，“克拉苏哈”电子战系统可用于电子对抗和战场侦察，充分满足了俄军队高精尖武器装备和电子战设备的迫切需求，同时更加全面推动了俄电子工业的总体发展和国防工业体系的复苏。目前，俄军正加紧为各电子战旅和独立电子战营装备可压制空基雷达的“克拉苏哈”-4 系统，其他各类电子战系统也正在研制和部署中。

——节选自《第三章 硝烟背后的探思》

阅读感悟

在当今“一超多强”的国际体系中，俄罗斯是有较大影响力的强国，其幅员辽阔，自然资源极其丰富，军工实力雄厚，高等教育、航空航天技术居世界前列。但是由于其特殊的地理位置，处于亚欧交界的地方，常常面临着来自两个方面的挑战，俄罗斯人在不断探索他们的归处。

书中有这样一段话：“一是让电子战首先展开，在多维联动夺取信息优势的前提下，引导空天军持续打击、系统配合，放大不对称优势。”这是俄军在叙利亚战场上采取的第一条战法。读到此处，看着一条条触目惊心的作战数据，我不禁心中存疑：作为执行这种战法主要力量的我们，能否发挥出俄军网络部队那样巨大的作用？这个问号在我心底慢慢放大，这个问号既是自我质疑更是鞭策，既是压力更是动力。

“但使龙城飞将在，不教胡马度阴山。”正如作者在文末的寄语：“盼望此书中的只言片语，能化作强军路上片片砖石，助力我军铺就强大国防。”

只有明晰战火下谜一样的博弈，才能真正看清现代战争，才能真正赋予我们“师夷长技、迎头赶上”的扎实力量，深刻明白国际政治和军事走向，调整自身方向，锻造自我，成为真正有力的国防力量。唯有建设一支强大的军队，才能在国家危难之际捍卫国家利益和保卫人民安全。这本书告诉我们，在看清世界军事格局的基础上，唯有用汗水、智慧，才能铸就捍卫国家安全的“防护之盾”与克敌制胜的“击敌神剑”！

拓展阅读

1.《叙利亚战争沉思录——二十一世纪的“微型世界战争”》：况腊生著，人民出版社 2018 年 3 月第 1 版；

2.《俄罗斯对外军事技术合作——现状与前瞻》：马建光著，国防工业出版社 2013 年 8 月第 1 版。

文学创作与文化

《围城》

基本信息

作　者：钱锺书

出版社：生活·读书·新知三联书店

版　次：2002 年 5 月第 1 版

图书经纬

钱锺书（1910—1998），字默存，曾用笔名锺书君，江苏无锡人，中国现代著名作家、学者。曾为《毛泽东选集》英文版翻译小组成员，晚年就职于中国社会科学院，任副院长。学术著作《谈艺录》《管锥编》享誉世界，而《围城》是钱锺书创作的唯一一部长篇小说。

有学者指出："小说《围城》是中国近代文学中最有趣、最用心经营的小说，可能是最伟大的一部。"

内容梗概

克莱登大学哲学博士方鸿渐是个没用的人，在欧洲四年，转了三个学校，改了几回专业，生活散漫，学无所成。因为父亲和老丈人都向他要学位证书，他只好从爱尔兰骗子手中买了假博士文凭。他本不愿意做这事，可为了尽晚辈的孝心，搞份假文凭也心安理得，只要做到今后决不以此招摇撞骗便可。他没有想到，老丈人已经将他的博士照片和游学履历大肆渲染地登在了报纸上。方鸿渐一下船，回到这个阔别四年又毫无变化的故土，便先见到这份报纸，不由得面红耳赤，十分难堪。

未婚妻和方鸿渐从未见过面，就撒手人寰。淞沪会战后，方鸿渐来到上海，在岳父的银行谋了份差事。此后，方鸿渐拜访了和自己一起留学归来的女博士苏文纨。两人在归国的船上相识，彼时苏文纨已对方鸿渐有所爱意。可是方鸿渐却不喜欢苏文纨的做作，只是一直不能狠下心来明确拒绝。在苏文纨家，方鸿渐结识了苏的表妹唐晓芙。唐晓芙是一个天真、直爽的大学生，方鸿渐对其一见倾心。苏文纨求爱不得，妒火中烧，添油加醋地把方鸿渐在船上和鲍小姐的风流韵事以及他已有妻室的事情，一股脑儿告诉了唐晓芙，唐晓芙伤心欲绝下怒斥了方鸿渐。这时的方鸿渐，只好默默离去，爱情在他的心里死去了。他辞去银行职务，和赵辛楣一起去三闾大学任教。

国内烽烟四起，局势动荡不安，方鸿渐去往三闾大学的路上充满了坎坷。然而三闾大学也是个是非之地，里面尔虞我诈、钩心斗角，后来方鸿渐对学校的环境也厌恶透了，决计辞职，但却因此撞入了同往大学的旅伴兼同事孙柔嘉的情网，孙柔嘉和方鸿渐最后一同离开了三闾大学。然而孙柔嘉爱争风吃醋，使小性子，两人的婚后生活多有不谐。方鸿渐从毕业回国到现在颠沛流离，一事无成，爱情死去，身边却莫名其妙地有了太太。他心事重重，感时伤事，根本没有好心情。回到上海后，两人情感不谐，和彼此的家庭关系也不和谐，矛盾激化后方鸿渐动手打了孙柔嘉，孙柔嘉愤然离家而去。

最后，失魂落魄的方鸿渐回到自己冷冷清清的家中，心中一片茫然和空虚。他忽然想到苏文纨曾说过的一个比喻，说恋爱就像一座城，外面的人想进去，里面的人想出来。方鸿渐想，生活何尝不是一座这样的城呢，自己这几年已经走过了多少这样的城池？

经典篇章

二

本章主要讲述方鸿渐回国初期，家人们为他举行一系列的社交活动、工作和亲事安排等，在种种尴尬的经历中，方鸿渐的性格特征也愈发凸显。

本章的精彩之处在于绝妙地讽刺了方鸿渐身上所具有的传统知识分子的“懦弱”和“矛盾”。作为一名留洋欧洲的大博士，方鸿渐的回国本应是学成归来、荣归故里，事实上家乡人也确实把方鸿渐当作荣归故里的名人对待。然而对方鸿渐来说，他虽然对假文凭、假博士一事充满厌恶、羞愧和自责，但始终没有勇气拒绝鲜花和红毯，只能在一次次的尴尬处境中慢慢熬着。

九

本章主要讲述方、孙二人的婚后生活，各种琐碎的、不称心的事带来纷纷扰扰的争吵，写出了婚姻是“围城”的真意。方鸿渐和孙柔嘉在返回上海途中结了婚。这对双方来说，都不能算作令人激动的结合，加之失业造成的对前途的焦虑，使他们婚后不断发生争吵。这种争吵在返沪途中还较为单纯，定居上海后，由于双方家庭和亲族的介入，矛盾更复杂了。在婆媳、翁婿、妯娌、亲朋，乃至主仆之间，曾一度发生了一系列龃龉和纠纷。最后，方、孙的矛盾终因前者辞去报馆资料室主任而面临再次失业时激化了。方鸿渐刚刚建立起来的新家解体，他冲出一个“围城”，又来到另一个“围城”的入口——他打算投奔在重庆当官的赵辛楣，而这肯定也是一条前途未卜、坎坷不平的道路。小说在一阵老式自鸣钟的“当、当、当……”声中结束。像过去一切杰出的现实主义作品一样，小说没有提供什么关于社会和人生出路的明确结论，但它描写的生活本身，“深于一切语言、一切啼笑”。

精彩语段

苏小姐道：“鲍小姐行为太不像女学生，打扮也够丢人——”

那小孩子忽然向她们椅子背后伸了双手，大笑大跳。两人回头看，正是鲍小姐走向这儿来，手里拿一块糖，远远地逗着那孩子。她只穿绯霞色抹胸，海蓝色贴肉短裤，漏空白皮鞋里露出涂红的指甲。在热带热天，也许这是最合理的妆束，船上有一两个外国女人就这样打扮。

可是苏小姐觉得鲍小姐赤身露体，伤害及中国国体。那些男学生看得心头起火，口角流水，背着鲍小姐说笑个不了。有人叫她“熟食铺子”(charcuterie)，因为只有熟食店会把那许多颜色暖热的肉公开陈列；又有人叫她“真理”，因为据说“真理是赤裸裸的”。鲍小姐并未一丝不挂，所以他们修正为“局部的真理”。

——节选自《一》

也许因为战事中死人太多了，枉死者没消磨掉的生命力都迸作春天的生意。那年春天，气候特别好。这春气鼓动得人心像婴孩出齿时的牙龈肉，受到一种生机透芽的痛痒。上海是个暴发都市，没有山水花柳作为春的安顿处。公园和住宅花园里的草木，好比动物园里铁笼子关住的野兽，拘束、孤独，不够春光尽情的发泄。春来了只有向人的身心里寄寓，添了疾病和传染，添了奸情和酗酒打架的案件，添了孕妇。最后一桩倒不失为好现象，战时人口正该补充。但据周太太说，本年生的孩子，大半是枉死鬼阳寿未尽，抢着投胎，找足前生年龄数目，只怕将来活不长。

这几天来，方鸿渐白天昏昏想睡，晚上倒又清醒。早晨方醒，听见窗外树上鸟叫，无理由地高兴，无目的地期待，心似乎减轻重量，直升上去。可是这欢喜是空的，像小孩子放的气球，上去不到几尺，便爆裂归于乌有，只留下忽忽若失的无名怅惘。他坐立不安地要活动，却颓唐使不出劲来，好比杨花在春风里飘荡，而身轻无力，终飞不远。他自觉这种惺忪迷殢的心绪，完全像填词里所写幽闺伤春的情境。现在女人都不屑伤春了，自己枉为男人，还脱不了此等刻板情感，岂不可笑！譬如鲍小姐那类女人，决没工夫伤春，但是苏小姐呢？她就难说了；她像是多愁善感的古美人模型。船上一别，不知她近来怎样。自己答应过去看她，何妨去一次呢？明知也许从此多事，可是实在生活太无聊，现成的女朋友太缺乏了！好比睡不着的人，顾不得安眠药片的害处，先要图眼前的舒服。

——节选自《三》

阅读感悟

到今天为止《围城》看了三遍：最近一次是单位的读书会，第二次是大学时——那时青春年少，没耐心在“城”里绕来绕去，经常按“快进键”。难忘的还是第一次看《围城》——小学三年级时的电视剧。当时看不透围城里外的道理，糊里糊涂、七嘴八舌地跟着姑姑们瞎看，但第一印象被占住，直到今天看书读到方鸿渐便想到陈道明油亮的中分头，但对爱情来说中分头是尴尬的，在潜意识中，似乎爱情戏也与陈道明不相干了。还有，我对苏文纨一直讨厌不起来，因为剧中苏小姐比唐晓芙要美要温婉，本色出演的李媛媛能走进人的心里。

今天重读，夹带着童年的印象——陈道明、英达、吕丽萍、李媛媛，这些印象如久不褪色的明信片，呼呼闪闪地晃动在文本世界里，挥之不去。如同方鸿渐家里方父送的那台老钟表，快慢错落，时光错落。

《围城》是冷的。首先冷在作者的冷静，他有足够的智慧、定力，冷静地去观察人的表象、内心，连小孩子、连物体都躲不过他的冷眼。冷静地用最小间距去观察，好比拿着放大镜去观察微生物，是观察不出美的。因此书中人、物，少不了都会挨他的冷嘲热讽，除了唐小姐及与方鸿渐和解后的赵辛楣，其余人都体无完肤。《围城》的冷还表现在书中人物的冷。书中的主要人物几乎都是一出场都丢掉了热腾腾的青春气息，即便没谈过恋爱、没走进过婚姻，亦是淡漠、散漫、世故、无望的。

围城是闷的。《围城》的精彩更像现代人所说的“闷骚”。生活圈子小、内心戏多、鸡毛蒜皮的事多。也干仗、也争斗，但仗总是在嘴皮子上打，斗也总在心中斗。对我而言，总觉得拳脚被束缚了，施展不开，闷得很。就像去往三闾大学的路上，李梅亭这个人滑稽到极点、虚伪到极点、丑陋到极点，大家烦他到极点。但一路嘴皮子仗打过来、一路嘲笑过来，又能怎么样？对李梅亭的那口恶气还是一直出不来。还有方鸿渐和孙柔嘉大闹后，双方终于动了小拳脚，但最后方鸿渐还要回到家里，憋得慌。《围城》里的戏，都在波涛之下，没有歇斯底里，读不到酣畅淋漓。唯一有力度的是方鸿渐失恋，能看到他身上的真气。但仍然不彻底，就像他没有在雨里再多站一会儿的韧劲一样，山雨欲来，却不来，《围城》是低气压的。

《围城》是妙的。妙在钱锺书能钻到人的心里去，尤其能钻到人内心的阴暗区里。用鲁迅的话说，能榨出了知识分子皮袍下面的“小”来，这个“小”是各个方面的：虚伪、自私、懦弱……这些“小”在方鸿渐及其身边文化人身上遮遮掩掩，却又无时不在。钱锺书是一个天才，他对语言的掌控有如神助，四两拨千斤，一句话、一个词，能把人掀个底朝天，一针见血、不留情面。语言之外，《围城》还会时不时地、轻轻松松地道出人生疲乏时的许多哲理，柴米油盐，接到地气，让人醍醐灌顶。

拓展阅读

1.《写在人生边上·人生边上的边上·石语》：钱锺书著，生活·读书·新知三联书店 2002 年 10 月第 1 版；

2.《钱锺书传——营造巴比塔的智者》：张文江著，复旦大学出版社 2011 年 1 月第 1 版。

《穆斯林的葬礼》

基本信息

作　者：霍　达

出版社：北京十月文艺出版社

版　次：2015 年 9 月第 3 版

图书经纬

霍达，女，1945 年生，北京人，回族，经名法图迈。中国电影编剧，国家一级作家，1976 年开始发表文学作品，发表第一部小说《不要忘记她》，1987 年创作长篇小说《穆斯林的葬礼》，该作于 1991 年获得第三届茅盾文学奖。

《穆斯林的葬礼》融宗教信仰与现实生活、传统文化与现代文化、人性之美与价值之美于一体，表现了主人公为追求理想和事业，为完善自身素质所发出的蓬勃不息的命运意识。小说折射了在漫长的历史进程中，回族既有保持其文化渊源的一面，又有与汉文化相互渗透、相互融合的一面。冰心称："它是现代中国百花齐放的文坛上的一朵异卉奇花，挺然独立。"1993 年谢铁骊执导同名电影《穆斯林的葬礼》，由北京电影制片厂出品，史兰芽、王诗槐、盖丽丽主演，电影上映后获得很大反响。

内容梗概

小说一共 52 万多字，分为 15 章，以回族手工匠人梁亦清玉器行奇珍斋的升沉起伏为一条线，以女主人公梁新月的成长和爱情故事为另一条线，描写了晚清到现代的六十年间，一个穆斯林家族三代人命运的沉浮，以及两个发生在不同时代、有着不同内容却又交错扭结的爱情悲剧。

梁亦清原是清末回族底层的琢玉艺人，他有两个女儿，长女君璧守礼持重，次女冰玉聪慧善良。一天有位长者带名少年去麦加朝圣路过梁家，少年因摔碎了梁亦清做的玉碗，为赔偿损失，决定留下当学徒，这就是本书男主人公之一韩子奇。这天师徒二人正为一件订货劳作，这是专做洋人买卖的汇远斋定做的“郑和航海船”。郑和是回族的英雄，他们决心做好这件光耀民族精神的作品，三年的精雕细刻将在中秋佳节完成，不料梁亦清突然晕倒在转动着的玉坨上，宝船被毁，人也丧命。为了抵债，韩子奇到汇远斋当了学徒，苦熬三年终成行家。

他回到奇珍斋娶了梁亦清的长女君璧，决心重振家业，十年之后名冠京华，又得贵子取名天星，幸福度日。可是这时候日本侵华战争全面爆发，韩子奇担心玉器珍品被毁，随英商亨特来到伦敦。妻妹冰玉因情感受挫，执意离开，便不顾姐姐反对，与姐夫一起前往英国。

在伦敦，亨特的儿子奥利弗爱上了冰玉，但奥利弗在伦敦大轰炸中不幸丧生，冰玉在孤独、伤心的情况下爱上了韩子奇，并生下女儿新月。战后两人一同回国，姐姐君璧不容冰玉母女俩，冰玉决定带女儿远走他乡，韩子奇苦求留下女儿。新月逐渐长大成人，以优异成绩考上北大西语系。上学后与班主任楚雁潮发生爱情，因楚是汉族，二人的爱情遭梁家反对。而哥哥也迫于母亲放弃了自己心仪的姑娘，娶了新月的同学。新月红颜薄命，因严重心脏病不幸逝世，楚雁潮及新月一家悲痛欲绝。哥哥和嫂子挑起了家里的担子。后来韩子奇、梁君璧相继去世，韩天星也有了一双子女。多年以后，冰玉回来，但一切都已经物是人非，留下一座孤坟供人相思。

经典篇章

序曲　月梦

“清晨，她走来了。”一个不知什么身份、不知道她有何目的的神秘女子出现了。她为什么会来到这里？又为什么会通身洁白？

最后，我们看到她仿佛是来救赎，也许是来寻找答案，抑或在找寻故人，这份朦胧美吸引着我们一直走进故事，走进小说，一探究竟。

第一章　玉魔

为什么韩子奇会这么有钱？为什么奇珍斋是一个谜？小说带着我们追溯历史，回到了当年“琢玉高手”梁亦清的时代。

有一天，梁亦清家中迎来了“一老一少”的穆斯林兄弟，激动澎湃的心情溢于言表，老者与梁亦清相谈甚欢，但当小易卜拉欣跟璧儿观看玉碗的时候，不慎将碗摔碎，小易卜拉欣是跟师傅继续去穆斯林圣地“克尔白”，还是留下来赔偿这只昂贵的“玉碗”？梁亦清会接受哪一种结果？一个个问题，一层层撕开历史尘封的记忆，由模糊逐渐清晰。

精彩语段

梁亦清猝然惨死，奇珍斋如同天塌地陷！

正在后边陶醉于美好的梦境之中的娘儿三个，猛然听见异声，一起奔到前边的琢玉坊中，只见梁亦清直挺挺地僵卧在韩子奇的怀里，脸上、身上、地上都是鲜血！韩子奇仿佛和师傅一起失去了灵魂，双手紧紧地抱着师傅，眼睛定定地盯着师傅的脸，琢玉坊在这一刻，整个儿地凝固了，僵死了！

白氏和幼女玉儿猛地扑在梁亦清身上，号啕大哭，痛不欲生；年仅十五岁的璧儿却异常镇静，父亲刚才那一声绝望的叫喊，她奔进琢玉坊这一瞬间看到的惨象，立即使她明白了什么样的命运落在了全家的头上！她跪了下去，跪在父亲的身边，望着那张苍老、疲倦而又死不瞑目的脸，她的热泪唰地滚落下来。但是，她没有叫喊，没有摇晃着亡人诉说一切。她知道，父亲已经归去了，在他离开人间走入天园的时刻，是不应该打扰他的，让他静静地走，从容地走，带着“依玛尼”——崇高的信仰。……

母亲白氏完全乱了方寸，此刻哭得像一摊泥。玉儿没命地喊着：“爸爸，爸爸！……”

璧儿把妹妹拉起来，揽在怀里：“好妹妹，你要是爱爸爸，就让爸爸安宁吧！”

被突然事变惊呆了的韩子奇直愣愣地望着璧儿：“师妹，现在……该怎么办？”

璧儿神色严峻地说：“奇哥哥，爸爸的后事，就靠你和我了，你赶快到礼拜寺去取‘水溜子’（尸床）！”

“玉器梁”的死讯，惊动了街坊四邻、阿訇、乡老、同行友好，纷纷赶来，感叹唏嘘，连教外的汉人也跌足叹息：“唉，可惜了他那一手绝活儿！”

——节选自《第五章　玉缘》

他听见了新月那稚嫩的然而却是抑郁的声音……

“楚老师，鲁迅为什么要写《起死》？”

“也许，他要唤醒沉睡的人生……”

“庄子为什么要给五百年前的骷髅‘起死’？”

“也许，是要他重新生活一次。人生虽然艰难，生命毕竟可贵。庄子认为，人生应该像鲲鹏展翅，扶摇而上九万里，绝云气，负青天！”

他听到了一声深深的叹息，来自九天之上，来自九泉之下，来自天地之间，其实只来自他的心里。

梁冰玉轻轻地走过去，心里只想着自己的亲人，跟那个人一样。

暮色悄悄地降临了墓地，婆娑树影渐渐和大地融合在一起，满目雄浑的黛色，满园温馨的清香。

西南天际，一弯新月出来了，虚虚的，淡淡的，朦朦胧胧，若有若无……

淡淡的月光下，幽幽的树影旁，响起了轻柔徐缓的小提琴声，如泣如诉，如梦如烟。琴弓亲吻着琴弦，述说着一个流传在世界的东方、家喻户晓的故事：《梁山伯与祝英台》。

梁冰玉在琴声中久久地伫立，她的心被琴声征服了，揉碎了，像点点泪珠，在这片土地上洒落。

天上，新月朦胧；

地上，琴声缥缈；

天地之间，久久地回荡着这琴声，如清泉淙淙，如絮语呢喃，如春蚕吐丝，如孤雁盘旋……

——节选自《尾声　月魂》

阅读感悟

《穆斯林的葬礼》的结构与《呼啸山庄》相似，由事件中部向两头展开，表现了两个主题：爱情和信仰。

先说爱情。小说中的爱情以悲剧终结，但作者却执着地表现了爱的伟大和永恒。爱能超越道德、纲常所拟定的清规戒律，让富有叛逆精神的玉儿爱上了姐夫韩子奇；爱能打破狭隘的民族观，使穆斯林新月，爱上了“卡斐尔”汉人楚雁潮；爱能跨越阶级的鸿沟，就像文中楚雁潮所说：即使到了一万年后世界上没有了阶级，但是爱情还会存在。然而，霍达对炽热、奔放，如岩浆般隐匿滚动着的爱的描述却委婉而含蓄，带着纷扰世间中少见的清纯。小说中对爱的描写没有肉欲，充满着诗意，这不能不说是作家对爱的独到的理解。文中描写楚雁潮冒着风雪从燕园赶到城里，却没能见到新月最后一面。当看到美丽的新月安详地闭上眼睛，躺在洁白的床单上时，他顾不得教师的身份，顾不得新月母亲就在身边，顾不得回汉不姻的繁文缛节，不可遏制地扑上去吻着新月的眼睛、嘴唇、脸……这和着泪水的吻，是两个相爱的人的初吻，也是诀别的吻。

西方有一句谚语，大致是说，没有信仰的人是不体面的。的确，一个人有了信仰就会有敬畏，一个民族有信仰会萌生出一种凝聚力。霍达是回族作家，她努力通过对信仰的描述来表达对本民族的赞美。整部小说在庄重的仪式中开篇，又在凝重的氛围中结束，有着一种历史的、文化的厚重感。

拓展阅读

1.《红尘》：霍达著，北京十月文艺出版社2017年10月第1版；

2.《未穿的红嫁衣·沉浮》：霍达著，北京十月文艺出版2017年12月第1版。

《平凡的世界》

基本信息

作　者：路　遥

出版社：北京十月文艺出版社

版　次：2012 年 3 月第 2 版

图书经纬

路遥（1949—1992），中国当代著名作家。原名王卫国，陕西榆林清涧县人。代表作有长篇小说《平凡的世界》《人生》等。

路遥的小说多为农村题材，描写农村和城市的人以及他们之间的事，他始终认定自己是一个“农民血统的儿子”，是“既带着‘农村味’又带着‘城市味’的人”，所以他始终以深深纠缠的故乡情结和生命的沉重感去感受生活，以陕北大地作为他心里永恒的诗意象征。

《平凡的世界》1986 年 12 月首次出版，1991 年获得第三届茅盾文学奖。小说以恢宏的气势和史诗般的品格，全景式地展现了改革开放时代中国城乡的社会生活和人们思想情感的巨大变迁。陈忠实曾评价：“《平凡的世界》是茅盾文学奖皇冠上的明珠”，也是激励千万青年的不朽经典，更是最受老师和学生喜爱的新课标必读书。

内容梗概

《平凡的世界》是一部现实主义小说，描写了 20 世纪 70 年代中期到 80 年代中期约十年间，黄土高原上双水村孙、田两家人的命运变迁与奋斗故事，高度浓缩了中国西北农村在改革开放初期的历史变迁过程，达到思想性与艺术性的高度统一。《平凡的世界》110 万字，全书共三部。

第一部，讲述 1975—1978 年双水村少年孙少平读高中、回乡，其哥哥孙少安在村中为一家老小挣工分、谋生计苦苦挣扎的故事。孙少平与县革委副主任田福军的女儿田晓霞在县高中同年级，孙少平贫困而自卑，历经饥饿的煎熬、人际交往的困惑、感情上的矛盾，最终毕业后回乡成为乡村教师，后又被村支书田福堂（田福军兄）之子田润生顶替，生活充满坎坷。田晓霞考上了师专成为大学生。少平的哥哥少安二十四五岁，与田福堂之女田润叶互相爱慕，却被田父以孙家赤贫为由反对，后一对年轻人各自成家。“文革”后期，双水村由于持续的“大锅饭”政策，生产秩序混乱、老百姓生活贫困，加上天灾和田福堂好大喜功、炸山修坝、迫人搬家，以至天怒人怨，孙、田两家人在改革开放前夜的生活一片混乱和困窘。

第二部讲述 1979—1981 年的故事，双水村包产到户，孙少安进城拉砖改善生活时看到烧砖有利可图，迅速组织力量生产，孙家从赤贫成为“冒尖户”，孙少平梦想闯荡世界，离开村子到县城揽工，后又成为煤矿工人，妹妹兰香也上了高中，一家人生活逐渐好转。另一方面田晓霞在师专如鱼得水，田润叶到团地委工作离开无爱的小家，田福军渐成改革骨干，而大锅饭时代的能人田福堂却因无力务农、女儿婚事不如意、病魔缠身而郁郁寡欢。改革开放浪潮中，每个人生活都发生了翻天覆地的变化，年轻人在生活的风浪中得到锤炼。

第三部展现了 1982 到 1994 年间孙家兄弟各自的发展和孙、田两家人生活的轨迹。煤矿工人孙少平和省城女记者田晓霞在通信中形成恋爱关系，小砖窑主孙少安进一步发展，妹妹孙兰香考上大学……另一方面田润叶、田润生的生活逐渐走向平静，生活的天空似乎万里无云。但晴天霹雳，厄运不断袭来，田晓霞在采访中被洪水冲走，孙少安被烧砖技师欺骗损失惨重，妻子秀莲重病在身，田润叶丈夫因车祸双腿截肢，孙少平在矿井中被砸昏迷……生活再次露出了狰狞的一面。平凡的世界中，人人都在风浪、阳光和乌云下顽强行舟，谱写出惊心动魄的生活之歌。

故事最终，27 岁的少平在事故中为救徒弟受重伤，面容尽毁，却遇少时玩伴金波之妹表白，少平拒绝。在命运的重压下生活，不断被抬到高位，却又不断跌落，但平凡世界中的人们却永远没有向生活低头，没有被不幸压垮。少平又充满希望地回到矿山，迎接他新的生活与挑战。

经典篇章

第一部：第一章

《平凡的世界》是我国文学史上一朵美丽动人的浪花，影响了几代人。鲜为人知的是，路遥为了写《平凡的世界》第 1 段，数改其稿地写了 3 天。短短的一百多字，写得很抒情，读来很自然很舒服。其实，看似云淡风轻的开头背后，蕴藏着故事情节的诗意化表达，随着读者的不断深入，情节也是层层递进，最终为我们呈现了波澜壮阔的画卷。这种平缓的开头，“将艺术的打击力量”放到最后。确实如此，一开始谁会知道开头的孙少平会失去了田晓霞？孙少安的婆姨得了癌症？这些动人心扉的故事，以这种平淡的开头开始了。

本章是简单的故事背景交代，更是一部著作最用心的独白。主要人物孙少平悄然出场，结合那个时代的贫穷与努力，一起出现在读者的面前。

第二部：第二十二章

孙少平与田晓霞走入不同的人生轨迹，再次相遇时，孙少平成了一个农民，而田晓霞则成了一名大学生。

然而，孙少平在灵魂深处并没有低看自己。他之所以不愿和她再联系，的确是因为两个人在生活中的处境差异太大。但这并不是说，他认为自己所走的道路就比上大学低贱。他在社会的最底层挣扎，为了几个钱而受尽折磨；但他已不仅仅将此看作是谋生活命，因为职业的高贵与低贱，不能说明一个人生活的价值。恰恰相反，他现在倒很“热爱”自己的苦难。通过一段血与火般的洗礼，他相信，自己历尽千辛万苦而酿造出的生活之蜜，肯定比轻而易举拿来的更有滋味，他自嘲地把自己的这种认识叫作“关于苦难的学说”。虽然这条路是艰苦的道路，但却是不平凡的一条路。

精彩语段

一九七五年二三月间，一个平平常常的日子，细蒙蒙的雨丝夹着一星半点的雪花，正纷纷淋淋地向大地飘洒着。时令已快到惊蛰，雪当然再不会存留，往往还没等落地，就已经消失得无踪无影了。黄土高原严寒而漫长的冬天看来就要过去，但那真正温暖的春天还远远地没有到来。

在这样雨雪交加的日子里，如果没有什么紧要事，人们宁愿一整天足不出户。因此，县城的大街小巷倒也比平时少了许多嘈杂。街巷背阴的地方，冬天残留的积雪和冰溜子正在雨点的敲击下蚀化，石板街上到处都漫流着肮脏的污水。风依然是寒冷的。空荡荡的街道上，有时会偶尔走过来一个乡下人，破毡帽护着脑门，胳膊上挽一筐子土豆或萝卜，有气无力地呼唤着买主。唉，城市在这样的日子里完全丧失了生气，变得没有一点可爱之处了。

只有在半山腰县立高中的大院坝里，此刻却自有一番热闹景象。午饭铃声刚刚响过，从一排排高低错落的石窑洞里，就跑出来了一群一伙的男男女女。他们把碗筷敲得震天价响，踏泥带水、叫叫嚷嚷地跑过院坝，向南面总务处那一排窑洞的墙根下蜂拥而去。偌大一个院子，霎时就被这纷乱的人群踩踏成了一片烂泥滩。与此同时，那些家在本城的走读生们，也正三三两两拥出东面学校的大门。他们撑着雨伞，一路说说笑笑，通过一段早年间用横石片插起的长长的下坡路。不多时便纷纷消失在城市的大街小巷中。

——节选自《第一部：第一章》

在这样一个狂风怒号的夜晚，在荒无人烟的大沙漠里，这两个喝醉酒的男人，为了他们心爱的女人，一个在哭，一个在唱。在正常的环境中，人们一定会把这两个司机看作疯子。可是，我们不愿责怪他们，也不愿嘲笑他们。如果我们自己有过一些生活的阅历和感情的经历，我们就会深切地可怜他们、同情他们，并且也理解他们这种疯狂而绝望的痛苦……

在这风声、哭声和歌声之中，躺在另一个驾驶楼里的田润生心缩成了一团。他实际上一直没有睡着。他知道姐夫为什么而哭；他也明白老同学金波为什么而唱——他早就听说过金波当兵时和一个藏族女子谈恋爱，被部队提前复员了。此刻，他自己的眼里也忍不住涌满了泪水……

和少平、金波同年等岁的润生，也已经长大了。凡是成人的痛苦他都能体会和理解。就说姐夫吧，尽管他从不在他面前提说他姐的事，但他知道姐夫和姐姐的婚姻非常不幸。在这件事上，他的同情心完全在姐夫一边。他在心里恨他姐姐。两年多来，他跟着姐夫学开车，姐夫不管姐姐如何对他不好，都像亲哥哥一样看待他。姐夫真是个忠厚人，不仅对他们家，就是对世人，都有一副好心肠。有时候在路上，碰见一些孤寡老人，他总要把车停在路边，问这些人去什么地方，然后便让他们上车来。如果是他驾驶车，姐夫就自己爬到上面的车厢里，让这些老人坐在驾驶楼里。他常对他说，人活在世上，就要多做点好事；做了好事，自己才能活得心安……姐夫不仅教会他开汽车，还给他教了许多活人的道理。他的心里敬重姐夫。他根本不能理解，姐姐为什么不和这样一个好人在一块过光景呢？

现在，他躺在这个驾驶楼里，听着外面的哭声和歌声，心像无数利爪在揪扯。这一切深深地震撼了他的灵魂。别人的痛苦感染了他，他也很痛苦。痛苦啊，往往是人走向成熟的最好课程。是的，许多原来含糊不清的东西，今夜他似乎豁然开朗！

一种男性的豪壮气概在田福堂这个瘦弱的儿子身上苏醒了。他“腾”地从驾驶楼里坐起来，脑子里开始盘算他应该干些什么。是的，他已经是一个二十三岁的后生，怎么还能这么窝囊呢？他难道就不能给痛苦的姐夫帮点忙吗？好，他应该立刻到黄原去找姐姐，和她好好谈一谈——他要让姐姐爱姐夫！

——节选自《第二部：第三十六章》

阅读感悟

读完这部小说，总有一些景象在眼前挥之不去：清淡的伙食，蹿风的宿舍，经常挨饥受冻的生活……但物质的贫乏无法阻挡他对知识的追求；破败的村落，动荡的时代，即便有千万苦难压于心头，也不曾让他停下追求理想与美好生活的步伐。叙利亚诗人阿多尼斯曾说："世界让我遍体鳞伤，但伤口长出的却是翅膀。"这便是本书主人公孙少平的写照。在那样一个温饱都成问题的年代，能用一种知识重于安宁生活的态度去追求自己的理想，这就是一种不平凡。这种不平凡，恰似一双翅膀，带人飞离日常琐碎的生活，在另一个世界翱翔。

在《平凡的世界》里，作家把苦难化为一种前行的精神动力。在展示普通小人物艰难生存境遇的同时，极力书写了他们克服重重困难的美好心灵与坚韧不拔的奋斗精神。作品中的主人公孙少安、孙少平自强不息，依靠自己的顽强毅力与命运抗争，追求美好生活与自我的道德完善。其中，孙少安是立足于乡土矢志改变命运的奋斗者；而孙少平是拥有现代文明知识、渴望融入城市的"出走者"。

生活中真正的勇士向来脚踏实地，喧哗不止、抱怨不停的永远是自视清高的一群。脚踏实地，把每一件平凡的事做好，便是不平凡的事。正如歌曲《平凡之路》唱道："我曾经失落失望失掉所有方向，直到看见平凡才是唯一的答案。"这是《平凡的世界》教会我们的道理。

拓展阅读

1.《早晨从中午开始》：路遥著，北京十月文艺出版社 2012 年 4 月第 1 版；

2.《人生》：路遥著，北京十月文艺出版社 2013 年 5 月第 2 版。

《活着》

基本信息

作　者：余　华

出版社：作家出版社

版　次：2008 年 5 月第 1 版

图书经纬

余华，1960 年生于浙江杭州，当代著名作家。1977 年中学毕业后，当过牙医，后弃医从文，曾两度进入北京鲁迅文学院进修深造。1984 年开始发表小说，在 20 世纪 80 年代，和苏童、格非等人的创作形成了一股文学潮流，评论界称之为“先锋文学”。其作品被翻译成英、法、德等 20 多种文字在国外出版。代表作有长篇小说《活着》《许三观卖血记》《兄弟》《第七天》，短篇小说集《现实一种》《世事如烟》等。

《活着》是一本关于死亡、苦难以及如何去面对苦难的书。《华盛顿邮报》评价说：“《活着》是不失朴素粗粝的史诗，斗争与生存的故事，给人留下了不可磨灭的残忍与善良的形象。在余华的笔下，人物在动物本能和人性之间苦苦挣扎。余华加诸于叙述的那种冷酷的意志，使小说超出了常轨。”因这部小说，余华于 2004 年 3 月荣获法国文学和艺术骑士勋章。

内容梗概

“我”到乡间收集民间歌谣，遇到一位开导老牛的老农，即故事讲述者——福贵。福贵在那个充满阳光的下午向“我”讲述了他自己的一生。

福贵，清末出生的一位地主少爷，年轻时嗜赌成性，败光了家业后一贫如洗，变成佃农。后来，苦难接踵而来：先是父亲气死，他又在为母亲求医的路上被国民党抓了壮丁，几经周折，终得回家，发现母亲早已病逝，妻子家珍含辛茹苦带大了一双儿女，但女儿凤霞因发高烧变得又聋又哑，儿子有庆因给县长夫人输血而亡。好不容易有点盼头，女儿凤霞与搬运工二喜喜结良缘，产下一男婴后，却又因大出血死在手术台上；凤霞死后三个月，家珍也去世了；二喜因吊车差错，被两排水泥板夹死；外孙苦根便随福贵回到乡下，生活艰难，就连豆子都很难吃上……可命运对他的戏谑继续蔓延，连最后撑着他活下去的小火苗都被掐灭：外孙饥饿难耐，福贵心疼，给苦根煮豆吃，不料苦根却因吃豆子撑死……在一连串的打击后，福贵总觉得自己的日子不长了，于是就在一头也叫作“福贵”的老牛的陪伴下，一起又过了这些年。

作品的结尾写到：“我知道黄昏正在转瞬即逝，黑夜从天而降了。我看到广阔的土地袒露着结实的胸膛，那是召唤的姿态，就像女人召唤着她们的儿女，土地召唤着黑夜来临。”或许这就是主人公福贵对生活的姿态，他用这种姿态迎接生活，同时也在召唤人们，生下来，就得活下去。

经典篇章

“那一年，有庆念到五年级了。……月光照在路上，像是撒满了盐。”

新中国成立早期，由于自然灾害、国家积贫积弱，福贵一家日子过得紧巴巴的，家珍病得已经下不了床，儿子有庆读到五年级成绩不好。福贵计划等有庆小学毕业，就让他下地挣工分去。然而天有不测风云，有庆出了意外死了。

本部分的精彩之处是前后对比，余华描写有庆献血前的喜悦和有庆献血致死后福贵及家人的悲伤，读罢让人心如刀绞，难以忘怀。

“凤霞是在冬天里生孩子的……整张床都湿淋了。”

福贵的女儿凤霞意外去世，地点竟然是和儿子同一个医院、同一个小屋里，这种戏剧性的冲突，让我们仿佛看到苦难对福贵一家的“特别眷顾”。愤怒之余，我们更看到福贵在这次失去亲人后的反应，心已碎，泪已干，仿佛变得麻木不仁一般，既心酸又真实。余华描写凤霞的死，是在短暂的喜悦后形成了断崖式落差——福贵的一双儿女都是生孩子上死的，有庆死于别人生孩子，凤霞死于自己生孩子。福贵心里就像结了冰似的麻木，想哭都没有了眼泪。那一天，雪下得特别大，福贵和二喜背着凤霞回到了家里，家珍看到凤霞，“那双眼睛定定的，像是快从眼眶里突出来了”，没有哭也没有喊，像是泪流干了似的。面对生死，一切语言都苍白干瘪。

精彩语段

犁田的老牛或许已经深感疲倦，它低头伫立在那里，后面赤裸着脊背扶犁的老人，对老牛的消极态度似乎不满，我听到他嗓音响亮地对牛说道：

“做牛耕田，做狗看家，做和尚化缘，做鸡报晓，做女人织布，哪头牛不耕田？这可是自古就有的道理，走呀，走呀。”

疲倦的老牛听到老人的吆喝后，仿佛知错般地抬起了头，拉着犁往前走去。

我看到老人的脊背和牛背一样黝黑，两个进入垂暮的生命将那块古板的田地耕得哗哗翻动，犹如水面上掀起的波浪。随后，我听到老人粗哑却令人感动的嗓音，他唱起了旧日的歌谣，先是咿呀啦呀唱出长长的引子，接着出现两句歌词——

皇帝招我做女婿，路远迢迢我不去。

因为路途遥远，不愿去做皇帝的女婿。老人的自鸣得意让我失声而笑。可能是牛放慢了脚步，老人又吆喝起来：

“二喜、有庆不要偷懒；家珍、凤霞耕得好，苦根也行啊。”

一头牛竟会有这么多名字？我好奇地走到田边，问走近的老人：

“这牛有多少名字？”

——节选自第5页

家里人都有一两个月没怎么吃饱了，那头羊还是肥肥的，每天在羊棚里中咩咩叫时声音又大又响，全是有庆的功劳，这孩子吃不饱整天叫着头晕，可从没给羊少割过一次草，他心疼那头羊，就跟家珍心疼他一样。

我和家珍商量以后，就把这话对有庆说了。那时候有庆刚把一篮草倒到羊棚里，羊沙沙地吃着草，那声响像是在下雨，他提着空篮子站在一旁，笑嘻嘻地看着羊吃草。

我走进去他都不知道，我把手放在他肩上，这孩子才扭头看了看我，说：

“它饿坏了。”

我说：“有庆，爹有事要跟你说。”

有庆答应一声，把身体转过来。我继续说：

“家里粮食吃得差不多了，我和你娘商量着把羊卖掉，换些米回来，要不一家人都得挨饿了。”

有庆低着脑袋一声不吭，这孩子心里是舍不得这头羊，我拍拍他的肩说：

“等日子好过一些了，我再去买头羊回来。”

有庆点点头，有庆是长大了，他比过去懂事多了。要是早上几年，他准得又哭又闹。我们从羊棚里走出来时，有庆拉了拉我的衣服，可怜巴巴地说：

“爹，你别把它卖给宰羊的好吗？”

我心想这年月谁家还会养着一头羊，不卖给宰羊的，去卖给谁呢？

看着有庆那副样子，我也只好点点头。

——节选自第 103—104 页

阅读感悟

开头福贵作为讲述者，“我”作为倾听者和旁观者，使故事本身与讲述者产生一种时空上的距离，苦难和死亡显得客观和冷静。小说中间以第一人称进行回忆，讲述了福贵从富贵到贫穷，从阔少到穷困潦倒，经历抓壮丁、土改、“大跃进”、三年严重困难时期、“文化大革命”，也目睹了亲人的相继离去的一生。

活着，在汉语里充满了力量，它的力量不是来自叫喊，也不是来自进攻，而是忍受，去忍受生命赋予我们的责任、苦难和平庸，忍受生活带来的高峰和低谷，然后活下来，活下去！

作品用重复叙事的手法，叙述了一个人与自身命运的抗衡，告诉了我们苦难的价值和活着的意义，教会我们通过泪水去观察微笑，通过苦难来体会生存的乐趣。人只要一天不死，就得好好活着，因为“活着就是一切，活着就是胜利”。

当然，《活着》向我们讲述的不仅是这些。正如余华在该书的《韩文版自序》中所说：“我相信，《活着》还讲述了眼泪的宽广和丰富；讲述了绝望的不存在……当然，《活着》也讲述了我们中国人这几十年是如何熬过来的。”

拓展阅读

1. 《兄弟》：余华著，作家出版社 2010 年 10 月第 2 版；

2. 《许三观卖血记》：余华著，北京十月文艺出版社 2017 年 10 月第 1 版。

《傲慢与偏见》

基本信息

作　者：［英］奥斯丁

译　者：王科一

出版社：上海译文出版社

版　次：1990 年 7 月第 1 版

图书经纬

简·奥斯丁（Jane Austen，1775—1817）英国著名小说家。自幼和父母兄弟姐妹住在一起，过着富足、平静的乡村生活。早年只受过初等教育，主要受教于父亲和自学。十几岁就开始习作，她终生未嫁，将自己的作品视为“宝贝儿”。代表作品有《傲慢与偏见》《理智与情感》《曼斯菲尔德庄园》《爱玛》等。

《傲慢与偏见》于 1813 年问世，有人说它“把平凡普通的事务和角色变得有趣”。其实，18 世纪后期的欧洲小说，普遍弥漫着一种感伤情调，盛行为忧郁而忧郁的嗜好（劳伦斯·斯泰恩《感伤的旅行》是英国感伤主义文学的代表作）。然而，奥斯丁一改风貌，用接近于现代生活的气息，用喜剧的表达手法，真实描写了中产阶级的爱情与婚姻，也成功塑造了伊丽莎白这样一位风趣、智慧、理性的新女性，为当时的社会和天下有情人树立了一个幸福婚姻的榜样。

内容梗概

在 18 世纪的英国乡下，家境一般、没有陪嫁的女孩，想要嫁人并不容易。一旦对应阶层的女孩多、男孩少，竞争难免激烈，再加之性格冲突、家庭干涉等各种原因，女孩们嫁人的过程便充满变数、一波三折。小说便是取材于这样的社会现实，分三卷，共61章，以小乡绅班纳特的五个待字闺中的千金为主要人物，以二女儿伊丽莎白和达西相识、产生误会、相互试探，直到最后相知相爱为主线，以其他几个女儿的恋爱故事为辅线，一一展开。

新邻居彬格莱是个有钱的单身汉，他出现后立即成为班纳特太太追逐的目标。欢迎舞会上，彬格莱对端庄美丽的大女儿吉英一见钟情，班纳特太太为此欣喜若狂。

二女儿伊丽莎白与达西的初次相见并不愉快，甚至充满了傲慢和偏见。骄傲的达西认为伊丽莎白长得可以“容忍”，伊丽莎白则偏执地认为达西傲慢自负。后来，在一次舞会上，达西主动邀请伊丽莎白跳舞，打破了僵硬的局面，之后两人的感情迅速升温。但受制于自负过度的傲慢和先入为主的偏见，两人总也不能心心相通。此后两年多，这对恋人经历了各种误会与巧合，情感上大起大伏，最后终于认清彼此的真实品格而相互吸引，放弃了各自的傲慢与偏见，走到一起。

最后，大女儿吉英和二女儿伊丽莎白都与有情人终成眷属，连带着最小的妹妹丽迪雅也结婚了，班纳特太太终于圆满地完成了如意嫁女的心愿。

经典篇章

第三章

在舞会上，年轻貌美的伊丽莎白是全场的焦点，然而达西却偏偏冷落了伊丽莎白，这既让班纳特夫人的“幻想”破灭，也使伊丽莎白对达西的第一印象是“目中无人”。当彬格莱先生为伊丽莎白与达西相互引见时，达西说：“她还可以，但还没有漂亮到能够打动我的心。”在舞会进行的过程中，达西对包括伊丽莎白在内的全部女宾不屑一顾，宁愿自己一个人闲坐，也不向任何一个女宾邀舞，足见其傲慢气焰之盛。

本章采用欲抑先扬的手法，用对比和烘托，把众人对达西先生的出场所表现出的羡慕、嫉妒、巴结等态度表现得淋漓尽致，进而反映了18世纪末到19世纪初处于保守和闭塞状态下的英国乡镇生活和世态人情。

第二十二章

在《傲慢与偏见》中，金钱和婚姻的关系甚至比爱情和婚姻的关系更加形影不离、难分难舍。其中最典型的一则故事，就是这一章中讲述的剩女夏绿蒂接受柯林斯先生求婚的故事。

柯林斯先生是班纳特一家的远房亲戚，长相一般，身材矮小。当他有了一幢舒适的房子，一笔可观的收入，便想结婚了。他三天之内求了两次婚，先是向伊丽莎白求婚，遭到断然拒绝；随后马上向伊丽莎白的好友夏绿蒂求婚，夏绿蒂却同意了，但这并不是真爱。在婚姻面前，两个人各自打着金钱的算盘。

本章内容重点讲述夏绿蒂家人对这桩婚姻的态度和夏绿蒂的心理活动。对于夏绿蒂全家人来说，这是一桩皆大欢喜的婚姻。父母在计算着柯林斯能带来多少财产；兄弟姐妹们则想着夏绿蒂出嫁后自己会是怎样的便利；夏绿蒂自己更是盘算着，只有嫁人是唯一的一条体面出路，可以确保未来的生活不至于忍饥挨饿。这段情节描写极具讽刺意味，它揭露了那个时代年轻女子们普遍的婚姻悲剧，她们没有独立自由，在残酷的现实面前，物质和利益始终是第一位的，爱情和尊严只能靠边站。

精彩语段

凡是有财产的单身汉，必定需要娶位太太，这已经成了一条举世公认的真理。

这样的单身汉，每逢新搬到一个地方，四邻八舍虽然完全不了解他的性情如何，见解如何，可是，既然这样的一条真理早已在人们心目中根深蒂固，因此人们总是把他看作自己某一个女儿理所应得的一笔财产。

——节选自《第一章》

彬格莱先生仪表堂堂，大有绅士风度，而且和颜悦色，没有拘泥做作的习气。他的姐妹也都是些优美的女性，态度落落大方。他的姐夫赫斯脱只不过像个普通绅士，不大引人注目，但是他的朋友达西却立刻引起了全场的注意，因为他身材魁伟，眉清目秀，举止高贵，于是他进场不到五分钟，大家都纷纷传说他每年有一万镑的收入。男宾们都称赞他的一表人才，女宾们都说他比彬格莱先生漂亮得多。人们差不多有半个晚上都带着爱慕的目光看着他，最后人们才发现他为人骄傲，看不起人，巴结不上他，因此对他起了厌恶的感觉，他那众望所归的极盛一时的场面才黯然失色。

——节选自《第三章》

卢卡斯太太立刻带着空前未有过的兴趣，开始盘算着班纳特先生还有多少年可活；威廉爵士一口断定说，只要柯林斯先生一旦得到了浪搏恩的财产，他夫妇俩就大有觐见皇上的希望了。总而言之，这件大事叫全家人都快活透顶。几位小女儿都满怀希望，认为这一来可以早一两年出去交际了，男孩子们再也不担心夏绿蒂会当老处女了。只有夏绿蒂本人倒相当镇定。她现在初步已经成功，还有时间去仔细考虑一番。她想了一下，大致满意。柯林斯先生固然既不通情达理，又不讨人喜爱，同他相处实在是件讨厌的事，他对她的爱也一定是空中楼阁，不过她还是要他做丈夫。虽然她对于婚姻和夫妇生活，估价都不甚高，可是，结婚到底是她一贯的目标：大凡家境不好而又受过相当教育的青年女子，总是把结婚当作仅有的一条体面的退路。尽管结婚不一定会叫人幸福，但总算给她自己安排了一个最可靠的储藏室，日后可以不致挨冻受饥。

——节选自《第二十二章》

阅读感悟

初看这部小说，以为讲的是伊丽莎白与达西的爱情故事，但找寻全书，没有看到太多的温柔缱绻、热情甜蜜，给人更多的是“理智”二字。奥斯丁用理智诠释爱情，虽然没有《巴黎圣母院》的生死相随，没有《红与黑》的浪漫热烈，也没有《简·爱》中的布满荆棘，但是这部作品却让我们懂得了一段不迷失于金钱之中的爱情和婚姻。

小说还给我们呈现了英国那个时代人们不同的爱情观，进而提出什么样的爱情观才是弥足珍贵的。这一点在伊丽莎白和她的朋友夏绿蒂的婚姻观念对比中可见一斑。其实伊丽莎白与夏绿蒂的家庭很像，伊丽莎白的母亲始终以将几个女儿利益最大化地嫁出去作为自己人生的最终目标，而夏绿蒂的家人也担心她嫁不出去会砸在手里。然而伊丽莎白和夏绿蒂两个人之间最大的差别是对自己的看法和定位，伊丽莎白始终有自己的骄傲，就算物质财富不够丰富，但是她依然在各种阶层的人面前谈笑自如，正是这种气度和态度才能够吸引到达西这样优秀且能和自己真心相爱的男人。但是夏绿蒂过于低估自己，遇见一个看起来条件还可以的就急于把自己送出去，她的着急也让自己的后半生都毁在这样一个轻易的决定中，她对自己的人生随意，她的人生也就对她随意。夏绿蒂，作为当时很多女性的代表，更加重视可以获得的金钱利益，却忽略了自己本身作为一个人的尊严需求，这就导致在做决定的时候有所偏差。太看轻自己的女性，也不会获得人生的看重。

拓展阅读

1.《理智与情感》：［英］简·奥斯丁著，孙致礼译，上海三联书店2014年5月第1版；

2.《简·奥斯丁传》：［英］克莱尔·托马林著，周春塘译，朱玉校，广西师范大学出版社2020年5月第1版。

《飘》

基本信息

作　者：[美] 玛格丽特·米切尔

译　者：李美华

出版社：译林出版社

版　次：2017 年 5 月第 1 版

图书经纬

玛格丽特·米切尔（Margaret Mitchell，1900—1949），美国现代著名作家。生于美国南方佐治亚州的亚特兰大市，曾获文学博士学位，担任过《亚特兰大新闻报》的记者。《飘》是玛格丽特唯一的小说作品，1937 年她因此获得普利策文学奖，1939 年获纽约南方协会金质奖章。1949 年，她因车祸去世。

《飘》是一部以美国南北战争为背景、描写爱情的小说，也是女主人公郝思嘉的成长史。米切尔以女性的细腻精确地把握住了青年女子在追求爱情过程中的复杂心理活动，成功地塑造了郝思嘉这位美国南方社会青春靓丽又独立坚强的女性形象。女主人公融万千性格于一身，让人觉得有时面熟，有时又很陌生，人物形象也因此具有持久魅力。

1936 年，《飘》一经出版，便立刻成为畅销书。这部 1000 多页的巨著震撼了美国，5 万册一天内售空。根据小说改编的电影于 1939 年 9 月 9 日首映，1940 年第 12 届奥斯卡金像奖，本片获得 13 项提名，最终拿下包括最佳影片在内的 10 个奖项。

内容梗概

小说名 *Gone With The Wind* 直译为“随风飘逝”，蕴藏两层含义：第一层，呼啸的飓风，指南北战争；被飘去的，指南方农奴制。第二层，对生活在南部棉花种植园，从小被黑人奴隶服侍的女主人公郝思嘉来说，南北战争像飓风一般卷走了她的“整个世界”，她的青春、家园也“随风飘逝”。

小说以时间线索分五部 63 章，以“乱世佳人”郝思嘉为主线，描写了几对青年的爱情纠葛。

1861 年 4 月，南北战争前夕。在佐治亚州靠黑奴种植棉花致富的种植园主圈子里，人们都在谈论战争，只有 16 岁的塔拉种植园的郝思嘉不关心这些。她关心自己的美貌和能吸引多少男人的目光，而她自己则钟情于卫希礼。此时，投机商人白瑞德也出现在乡间舞会上，他对性格跋扈、好胜心强且十分坚强的郝思嘉非常欣赏。战争开始了，17 岁的郝思嘉赌气嫁给了心上人卫希礼的小舅子，但她丈夫没多久就死了，郝思嘉成了年轻的寡妇。南方的局势越来越严峻，但郝思嘉却很快乐：她又成为地方上第一美人了。此时白瑞德经常来看她，并送礼物给她。生活困顿，使郝思嘉想征服富商白瑞德，但各种方法使尽，白瑞德不为所动。

1864 年，郝思嘉回到家乡，发现老家遭到北方兵洗劫，田园荒芜，房屋被烧。母亲在惊骇中死去，父亲精神失常。郝思嘉虽才 19 岁，但已十分老练，决心重整家园。她丢下小姐架子，每天出外搜寻食物、干粗活、挤奶、劈柴、种地。战后艰难的重建中，郝思嘉再次企图征服白瑞德，以保住塔拉种植园，失败之后，便毫不留情地、不顾道德评价地转眼抢了妹妹的未婚夫。她不在乎全社会为之侧目，开始以铁腕接手木场。由于精明强干，木场生意兴隆。但丈夫在一次为保全她名誉的行动中死了，她再次成了寡妇。

白瑞德又来向她求婚，婚后两人有了一个女儿，但郝思嘉还是放不下卫希礼，因而闹出了不大不小的花边事件。在两人时好时坏的情感经历中，卫希礼的妻子韩媚兰病危时告诉郝思嘉，其实白瑞德一直都爱郝思嘉。而郝思嘉此时才觉察到自己对卫希礼只是一种少女的迷恋，实际上卫希礼是个懦夫，倒是白瑞德是个能在乱世中生存与发展的强者。白瑞德最了解她，也最爱她，尽管他一直装出不爱的样子，他们的结合才是珠联璧合，才是最佳伴侣。

然而，此时的白瑞德看到女儿已死、妻子冷漠、好友死亡，已被郝思嘉折磨得失去了耐心，最终选择了离开。战争、庄园生活、青春、亲人、爱情、爱人……一切都仿佛随风而逝。伤心欲绝的郝思嘉在小说结尾说："我明天再想这事好了，到塔拉去想。那时我就承受得了了。明天我要想个办法重新得到他。毕竟，明天又是另外一天了。"于绝望中依然可以开出希望的花朵，这句话既是郝思嘉对生活的告白，也是小说对读者的告白。

经典篇章

第一部：第二章

本章中，女主人公和她一生的情感纠缠的对象卫希礼出场了。虽然两人都出生于美国南部的庄园主家庭，郝思嘉年轻漂亮，娇蛮精明，性格开朗且热烈奔放，却又不爱读书；而卫希礼文质彬彬，充满绅士风度，他满腹才华又耽于幻想，总是让自己沉迷在诗书音乐的世界里。卫希礼的这种令人捉摸不透、脱离实际的性格，深深吸引着与他截然相反的郝思嘉，让 16 岁的她误认为这是爱，而他的优柔寡断与对每个人的温柔又让她误以为他会向自己求婚。这一误会化为执念，贯穿了小说始终。

当得知卫希礼要和他表妹韩媚兰结婚时，郝思嘉无比震惊和痛苦。她到大路口车道处等父亲，想打探一下消息，不料被父亲看穿了小心思。父女二人进行了一段著名对话，父亲对塔拉种植园、对土地的热爱之情从话中表现出来，而这颗种子，也种在了郝思嘉的心中……

这一章用典型的心理、语言描写等手法，鲜明刻画了郝思嘉和卫希礼的性格差异，为两人感情纠葛埋下伏笔，笔触细腻、流畅，读来让人时而扼腕叹息，时而流泪不止，十分动人。

第四部：第三十六章

美国南北战争结束后，为维持对塔拉种植园的所有权，身为一家之主的郝思嘉需要向政府缴纳高额税款。为筹税款，郝思嘉想尽一切办法，吃尽闭门羹，却意外得知妹妹的未婚夫弗兰克在亚历山大城开了家木材厂，生意兴隆，收入不错。于是郝思嘉主动“勾引”弗兰克，嫁给他以求经济“援助”。她的这一行为，招致了整个亚特兰大城的议论纷纷。然而郝思嘉却毫不在意，她整个心思都在塔拉种植园上，面对流言蜚语时毫不畏惧。

战争带给人们巨大的冲击和伤害，但劫后重生的人们，就像郝思嘉和弗兰克一样，用各自的方式在顽强地生存着。郝思嘉和弗兰克的婚姻，虽出于利益的考虑，却也并非完全没有感情。郝思嘉心里充满了对弗兰克的感激，也希望能和他维持一段和谐的婚姻。婚后弗兰克尽管感到郝思嘉的结婚动机并不是爱，也仍希望两人会拥有美好的生活。

这一章体现出小说女主人公在乱世中的妥协与坚韧，成长与蜕变，也展现了战争带给南方人生活和心灵的改变。描写细腻、具体，让读者仿佛身临其境，时而为郝思嘉的“无耻”而惊讶，时而又同情她的遭遇，仿佛也进入了一个乱世的人性舞台，成为其中一员，与人物一起感受战争与生存的洗礼。

精彩语段

因为圣诞节要到了，希礼休假回到家中。思嘉已有两年多没见到他了，这一见面，不禁为自己强烈的感情吃了一惊。她站在十二棵橡树的游廊上看着他和媚兰结婚时，她认为自己再也不会像在那一刻那样带着一颗伤心欲碎的心爱着他了。可是现在，她意识到已经远去的那个夜晚，那种感情只不过是一个被宠坏的孩子得不到玩具时会有的感情罢了。现在，她的感情因长期相思而急剧增强，况且，她还不得不保持沉默，这种压抑反而使她对他的爱意越来越深。

卫希礼穿着已经褪色、打着补丁的军装，淡黄色的头发已被夏日的艳阳晒成了亚麻色，跟战前她曾经爱得死去活来的那个随和、眼神慵懒的小伙子相比，他整个儿跟换了个人似的。他更是比她激动一千倍。现在的他脸色黝黑、身材瘦弱，过去的他可是面色白皙、身材颀长的。现在，他嘴边垂挂着长长的金色胡须，修剪成骑兵的式样，十足一个完美士兵的形象。

他穿着老旧的军服，极具军人风度地站得笔直，手枪套在破旧的枪套里，已磨损的刀鞘在他高帮的靴子上一碰一碰的，潇洒极了，已黯然失色的马刺闪着暗淡的微光——他已是南部邦联的卫希礼少校了。他现在已有了命令人的习惯，颇有自立和权威的安然神态，嘴角已经出现了岁月刻下的无情的皱纹。宽宽的肩膀和眼里冷酷明亮的光芒都有了某些陌生的新东西。过去懒洋洋、无精打采的他，现在就像正在四处觅食的猫一样警觉，那警觉程度就犹如神经一直绷得像小提琴的琴弦一样紧似的。他眼里有种疲倦、鬼魂般的神情，脸上的颧骨依然很好看，被太阳晒得黝黑的皮肤绷得紧紧的——依然是她那英俊的希礼，却又变得很不一样了。

——节选自《第二部：第十五章》

这世界出毛病了。这是一种令人感到阴郁可怕的毛病。它像一层穿不透的黑色迷雾一般笼罩着一切，悄悄地缠绕在思嘉周围。这种不对劲甚至比邦妮的死还更深奥，因为到了现在，起初那无法忍受的痛苦已经退而成为无可奈何地接受女儿的死亡了……

…………

她还记得，瑞德总是能够大笑一番，使她的恐惧跑得无影无踪。她还记得从他宽大的褐色胸脯上和有力的双臂中获得的安慰。于是，她两眼专注地望着他。几个星期以来，她还是头一次真正地看着他。她看到的变化使她大为震惊。这个男人不会再笑了，他也再也不会安慰她了。

邦妮死后有一段时间，她一直都在生他的气。她的头脑被自己的痛苦占得满满的，除了在仆人们面前礼貌地说说话之外，她根本没法做别的事情。她一直忙于沉湎在对邦妮小脚急促的脚步声和她明快的笑声的回忆中，没有想到他可能也在回忆，那痛苦的程度甚至比她的还更强烈。这几个星期中，他们碰到了就客气地说话，就像在没有人情味的旅馆中碰到的陌生人一样，住在同一个屋檐下，在同一张桌子上吃饭，但从来没有互相交流过各自的思想。

——节选自《第五部：第六十章》

阅读感悟

也许是看惯了中国传统文学中的大团圆结局，看西方文学作品时也总是隐隐约约盼望大团圆。但是西方的作品往往不肯轻易应许“完美结局”，总是以悲剧结尾，或者以“开放式结局”让人遐想。其实生活中完美的结局真的很少，完美的关系和事物永远无法抵挡时间的冲蚀，对此，人无能为力。但摆脱追求完美的执念，也许我们能够对人生的真谛有更多的认识和感悟，能够发现人性、青春和自己的美。郝思嘉不是中国传统中的女孩，她蛮横、娇媚、虚荣，整天关心的是自己的身材和男孩子们的目光。她犯了很多错误，也留下过悔恨的泪水，但是她的生命力如此顽强，对家园故土、对活着有非常强烈的信念，这些让她在乱世中勇敢地生存了下来，而且我们相信她还会在一切随风飘逝之后再度站起来。这时候再想想，其实结局是什么也没那么重要，重要的是生命本身。

玛格丽特在描写人物时采用了对比的手法。如郝思嘉和韩媚兰之间，自私与博爱、妒忌与宽容、刚强好胜与柔韧坚忍，是本书贯彻始终的主线之一。这种手法在许多次要人物上也隐约可见，所以成为全书的特色。如白瑞德和卫希礼之间，郝思嘉夫妇和卫希礼夫妇之间，性格、行为、情感发展和交流方式都形成了鲜明的对照。通过相互对照的手法，女主人公郝思嘉的形象立了起来，让讨厌她的人，学会思考；让喜欢她的人，心生向往。

梅花香自苦寒来，人都是在生活的磨砺中逐渐淬火成钢的。由于生活和战争的影响，郝思嘉从天真烂漫的少女，迅速成为家中顶梁柱，成为木材厂经理人，成为精明强干的生存者，在战火纷飞、人命如游丝的年代，顽强地活了下来。不管周围人对她有什么样的议论，她始终坚持自己的信念，不断在情感和生活中摔跤、磕绊，又不断爬起来面对风雨，也许这就是人生的真相。

拓展阅读

1.《红与黑》：［法］司汤达著，罗新璋译，山东人民出版社2014年5月第1版；

2.《茶花女》：［法］小仲马著，王振孙译，外国文学出版社1980年6月第1版。

《不能承受的生命之轻》

基本信息

作　者：［捷克］米兰·昆德拉

译　者：许　钧

出版社：上海译文出版社

版　次：2010 年 8 月第 1 版

图书经纬

米兰·昆德拉（Milan Kundera），1929 年出生于捷克斯洛伐克，自 1975 年起，在法国定居。2019 年 11 月 28 日，重新获得捷克共和国政府的公民身份。父亲是一名音乐教授、钢琴家，受家庭影响，早年的昆德拉沉迷于绘画、雕塑、音乐，1948 年考入布拉格查理大学哲学系，后来又到布拉格电影学院读电影专业。昆德拉擅长在广阔的哲学语境中思考政治问题。代表作品有长篇小说《玩笑》《生活在别处》《不能承受的生命之轻》，随笔集《小说的艺术》《帷幕》等。昆德拉曾多次获得国际性文学奖项，被视为诺贝尔文学奖的有力竞争者之一。

《不能承受的生命之轻》是昆德拉最负盛名的作品，《纽约时报》评价它是二十世纪最伟大的小说之一，昆德拉也借此奠定了世界性伟大作家的地位。

内容梗概

《不能承受的生命之轻》分为七部分，22 万多字。以苏联入侵捷克斯洛伐克为背景，小说描写了托马斯与特蕾莎、萨比娜及萨比娜与她的情人弗兰茨之间的感情生活，四个人物，分别勾勒出四段不同的人生经历和价值观念，表达了作者对生命之“轻”与“重”、生活的偶然性与必然性等问题的思考。

托马斯是外科医生，有过一段失败的婚姻，这让他畏惧女人又渴望得到女人，于是发展出独特的恋爱原则，以灵肉分离的价值观念处理与众多情妇的关系。直到有一天，他爱上了餐厅的女侍——特蕾莎，发现之前设定的原则毫无用处，甚至改变不结婚的想法而娶她为妻。

特蕾莎自幼生活在母亲的阴影当中，她的母亲因对生活失去信心而行为放荡。当特蕾莎在镜子中看到自己与母亲一样的躯体时，感到罪恶和耻辱。为了寻求精神家园，追求灵与肉的和谐统一，特蕾莎投入了托马斯的世界。然而，托马斯灵肉分离的思想、放纵的生活态度，使怀着美好希望的特蕾莎理想破灭，处于接二连三的噩梦当中。内心痛苦的特蕾莎，决定离开托马斯。这时，托马斯才意识到她对自己生命的重要性。重逢之后的两人，虽然依然有折磨、不愉快，但都懂得了彼此是生命中最甜蜜的负担，从此再也没有分离。最后，两人死于一场意外的车祸。

萨比娜是个画家，托马斯的情妇之一。自幼成长在循规蹈矩的贵族家庭，萨比娜内心疯狂地渴望背叛，渴望打乱原有生活秩序进入未知，这奠定了她走上离经叛道之路的基础。她背叛父母要求的生活方式而离了婚，背叛丈夫而离开了他，背叛爱情而选择不承担责任的恋爱交往，背叛国家而拒绝被视为爱国行为的游行活动。她以背叛的方式，选择没有责任而轻盈的生活，却最终在失去一切当中，感受到生命无尽的沉重。

萨比娜的背叛，深深吸引着一位循规蹈矩的大学教授弗兰茨。他穷极一生都在追随着萨比娜，为了她放弃对婚姻的忠诚，为了她选择与妻子离婚，为了她前往支援柬埔寨，最后又是因为她曾经无心的刺激，为展示自己的男子气概而以蛮力和歹徒搏斗，导致送命。直到临死，弗兰茨才明白，萨比娜只是他轻似烟云的梦境，身边人才是他的现实。

经典篇章

第一部 轻与重

本部共 17 小节，前 2 小节是作者的思想笔记，几乎与小说无关。3—17 小节以布拉格的中年医生托马斯的视角，回顾了他与旅馆招待特蕾莎相识、同居、结婚的前后七年，同时与诸多情人纠缠，后托马斯因苏联占领布拉格而去瑞士，虽初觉解脱，迅即无比思念特蕾萨的故事。

意识流和传统叙述的结合，让本章既有思维流动带来的哲理性，又有铺叙人物性格、推动情节发展的有序性与层次感，体现了作品的可读性、深刻性。另外本章既有作者全知全能的第三者客观视角对托马斯的故事叙述，又存在"托马斯"第一人称意识与感情流动的痕迹，第一、第三人称无缝切换，对托马斯这个恐婚、性观念和爱情观念分离的单身花花公子形象进行了生动的初步塑造。

第六部 伟大的进军

本部共 29 小节，每节都很短，却深刻展现了昆德拉小说深刻的思想性。1—13 节以随笔式讨论了作者的"媚俗"（kitsch）理论——媚俗是人的意识选择，其特点是更多地调动人的感情而非理性，是人性的一部分，广泛存在于人类社会生活的各领域，作者指出"媚俗"的观念看似轻盈，却深深影响着人的选择。13—29 节回到故事叙事，作者借萨比娜之口谈到对极权政府、美国参议员的偏见、模式化的苏联电影等的反感，进一步说明宗教媚俗、政治媚俗、道德媚俗等各种变形，仿佛是"媚俗"理论的验证。

本部在"媚俗"主题下，双线展开，使用了作曲中常见的复调结构，鲜明表现出了昆德拉小说特有的音乐性。如，斯大林之子和萨比娜的情人弗兰茨在"媚俗"主题下呈现出了不同的调性。前者不堪忍受狱友侮辱奋力抗争，为被迫接受众人的"粪便观"而牺牲，死在"媚俗"途中。后者身为大学教授，沉迷在对萨比娜的爱情媚俗中，为取悦她而前往柬埔寨支援弱小民族，和歹徒搏斗以表现可贵勇气。直到临死时，弗兰茨才突然明白，所有曾支配自己行为的意识皆为虚幻，只有当下唯一真实爱着的人才是真实。两个人物，两个故事，既呈现了媚俗意识影响选择和人生的过程，又指向因媚俗而产生的“生命之轻”，照应小说主题。

精彩语段

最沉重的负担压迫着我们，让我们屈服于它，把我们压到地上。但在历代的爱情诗中，女人总渴望承受一个男性身体的重量。于是，最沉重的负担同时也成了最强盛的生命力的影像。负担越重，我们的生命越贴近大地，它就越真切实在。

相反，当负担完全缺失，人就会变得比空气还轻，就会飘起来，就会远离大地和地上的生命，人也就只是一个半真的存在，其运动也会变得自由而没有意义。

那么，到底选择什么？是重还是轻？

…………

人永远都无法知道自己该要什么，因为人只能活一次，既不能拿它跟前世相比，也不能在来生加以修正。

和特蕾莎在一起好呢，还是一个人好呢？

没有任何方法可以检验哪种抉择是好的，因为不存在任何比较。一切都是马上经历，仅此一次，不能准备。好像一个演员没有排练就上了舞台。

——节选自《第一部　轻与重》

人生如同谱写乐章。人在美感的引导下，把偶然的事件（贝多芬的一首乐曲、车站的一次死亡）变成一个主题，然后记录在生命的乐章中。犹如作曲家谱写奏鸣曲的主旋律，人生的主题也在反复出现、重演、修正、延展。安娜可以用任何一种别的方式结束自己的生命，但是车站、死亡这个难忘的主题和爱情的萌生结合在一起，在她绝望的一刹那，以凄凉之美诱惑着她。人就是根据美的法则在谱写生命乐章，直到深深的绝望时刻的到来，然而自己却一无所知。

——节选自《第二部 灵与肉》

夜间，墓地里布满星星点点的烛光，仿佛众亡魂在举办儿童舞会，是的，儿童舞会，因为亡魂都如孩子一般纯洁。不管生活有多残酷，墓地里总是一片安宁，哪怕是在战争年代，在希特勒时期，斯大林时期，在所有的被占领时期。

——节选自《第三部 不解之词》

爱情就像是帝国：它们建立在信念之上，信念一旦消失，帝国也随之灭亡。

——节选自《第四部 灵与肉》

阅读感悟

《不能承受的生命之轻》是米兰·昆德拉的才华得到集中体现的一部作品。小说中，作者从一两个关键词以及基本情境出发勾勒出人物、情节，以哲人的睿智将人类的生存情境提升到形而上的高度加以考虑、审视和描述，由此成功地把握了“政治”与“性爱”两个敏感领域，并初步形成了“幽默”与“复调”的小说风格。

从小说的主题来看，人们习惯性地认为，是“重”压得人喘不过气来，让人无法承受。而到了昆德拉这里，我们忽然听到“轻”让人无法承受。那么，“轻”到底该如何来理解呢？

“轻”的第一层含义，是轻视个体生命，忽视个体意志。在极权主义政治旗帜下，暴虐无处不在，个体生命和个体意志都没有存在的理由与空间。“它就像是十四世纪非洲部落之间的一次战争，尽管这期间有三十万黑人在难以描绘的凄惨中死去，也丝毫改变不了世界的面目。”对生命，属于每个人只有一次的生命，如此漠视，这样的“轻(视)”谁能承受？

“轻”的第二层含义，是遗忘。作者在小说的开篇提到：“与希特勒的这种和解，暴露了一个建立在轮回不存在之上的世界所固有的深刻的道德沉沦，因为在这个世界上，一切都预先被谅解了，一切也就被卑鄙地许可了。”提示我们“轻”的又一个含义是“遗忘”，具有着“遗忘/背叛”的意味。那些留在记忆当中淡如云烟的回忆，让亲历者无法承受生命之重。昆德拉不仅自己回想，而且还要带着读者们一起回想，让人们记住，记住历史，记住历史上的人们曾经怎样蝇营狗苟地活过。

“轻”的第三层含义，是游离，个体游离于它所依附的整体之外。地球带给我们的重力，使我们不至于脱离地球进入可怕的游离状态；一旦进入太空，宇航员最大的困境就是失重。同理，“轻”之所以让生命难以承受，正在于某种“重力”的缺失。就好比你很难凭借自己的力气，把一根鸡毛扔过高墙。小说中，对婚姻的游离，对爱情的游离，对自己国度的游离，这些看似自由而轻盈的生活，带给主人公的却是难以名状、无法承受之重。

这，就是生命中的不能承受之“轻”。

拓展阅读

1.《玩笑》：［捷克］米兰·昆德拉著，蔡若明译，上海译文出版社 2014 年 8 月第 1 版；

2.《洛丽塔》：［美］弗拉基米尔·纳博科夫著，主万译，上海译文出版社 2005 年 12 月第 1 版。

《百年孤独》

基本信息

作　者：［哥伦比亚］加西亚·马尔克斯
译　者：范　晔
出版社：南海出版公司
版　次：2011 年 6 月第 1 版

图书经纬

加西亚·马尔克斯（Gabriel García Márquez，1927—2014），哥伦比亚作家，魔幻现实主义文学代表人物。出生于哥伦比亚马格达莱纳海滨小镇阿拉卡塔卡，童年与外祖父母一起生活，外祖母为他讲述了许许多多神魔鬼怪故事，这些故事深深影响了他的创作。1947 年考入波哥大国立大学，20 世纪 50 年代开始出版文学作品，20 世纪 60 年代初移居墨西哥，1967 年出版《百年孤独》，1982 年获诺贝尔文学奖。

《百年孤独》是马尔克斯苦心孕育了 18 年而写成的天才杰作，被看作魔幻现实主义的典范。二十世纪六七十年代，此小说曾引起了“文学爆炸”“文学地震”。1982 年，瑞典文学院认为，马尔克斯在《百年孤独》中创造了一个独特的天地，即围绕着马孔多的世界，汇聚了不可思议的奇迹和最纯粹的现实生活，因而授予他诺贝尔文学奖。该书目前已译成 30 多种文字出版，销量超过 1000 万册。

内容梗概

何塞·阿尔卡蒂奥·布恩迪亚是西班牙人后裔，住在一个远离海滨的印第安人的村庄。他与表妹乌尔苏拉新婚。由于害怕像姨母与叔父结婚那样生出长尾巴的孩子，乌尔苏拉一直拒绝与丈夫同房，因此布恩迪亚遭到村民的耻笑。一次，布恩迪亚偶尔杀死了讥笑他的发小阿基拉尔。从此，这位死者的鬼魂就经常出现在他眼前，鬼魂那痛苦而凄凉的眼神，使他日夜不得安宁。于是布恩迪亚一家带着朋友、家人外出寻找安身之所。经过两年多跋涉，来到一片多石的滩地上，受梦的启示，决定定居，建立村镇，这就是七代人的栖居地——马孔多。

布恩迪亚家族定居下来，繁衍后代，在此地演绎着悲欢离合的故事。第一代布恩迪亚即何塞·阿尔卡蒂奥·布恩迪亚，极富创造性，不满于落后的生活，决心开辟出一条道路，把马孔多与外界的伟大文明连接起来，却终以失败告终。最后他沉迷于炼金术，整天把自己关在实验室里。他的精神世界与马孔多狭隘、落后、保守、闭塞的现实格格不入，他陷入孤独之中不能自拔，以致精神失常，被家人绑在一棵大树上，几十年后在那棵树下死去。他的妻子乌尔苏拉则成为家里的顶梁柱，去世时的年龄在 115 至 122 岁之间，她也成为这个家族兴衰的见证者。

布恩迪亚家族的六代人在马孔多过着落后又重复的生活。随着第六代奥雷里亚诺·布恩迪亚的几个朋友相继离开，他和第五代阿玛兰妲·乌尔苏拉越发亲近，两人肆无忌惮地寻欢作乐。很快，阿玛兰妲·乌尔苏拉怀孕了，而奥雷里亚诺·布恩迪亚却越来越怀疑自己是阿玛兰妲·乌尔苏拉的侄子，他用尽一切办法寻找自己的身世，结果却以失败告终。

故事的最后，阿玛兰妲·乌尔苏拉生了一个长着猪尾巴的婴儿后大出血去世，绝望的奥雷里亚诺·布恩迪亚宿醉之后回来，发现自己的孩子（家族第七代）已经被蚂蚁拖走。而就在这个瞬间，他感觉自己破译出了梅尔基亚德斯的密码。梅尔基亚德斯是小说中一个不死的预言家，他的羊皮卷上写着："家族的第一个人被捆在树上，最后一个人正被蚂蚁吃掉。"羊皮卷预言了整个家族的历史，也预言了奥雷里亚诺·布恩迪亚的最终命运，在他译完羊皮纸手稿的最后瞬间，马孔多这个蜃景般的镇子也被飓风吞噬，消失不见了。

这部小说通过布恩迪亚家族七代人百年的兴衰、荣辱、爱恨、福祸，表达了南美人民在文化与人性中根深蒂固的封闭与落后。其内容涉及社会和家庭生活的方方面面，可以说是拉丁美洲历史文化的浓缩与投影。

经典篇章

第 1—32 页

该部分主要介绍马孔多镇的建立与由来，讲述了布恩迪亚家族百年历史的开端：第一代布恩迪亚为什么背井离乡，又是怎么奋斗起来的。

本章最精彩之处正在于它的开场白："多年以后，面对行刑队，奥雷里亚诺·布恩迪亚上校将会回想起父亲带他去见识冰块的那个遥远的下午。当时的马孔多是一个二十户人家的村落，泥巴和芦苇盖成的屋子沿河岸排开，湍急的河水清澈见底，河床里卵石洁白光滑宛如史前巨蛋。"马尔克斯曾说，他想这个开头想了十几年。在这段话里，作者把未来、过去和现在完美融合，并为下文埋下悬念。这个精心设计的开头好像给我们一个预言，一个古老的家族曾在新文明的冲击下，努力地走出去寻找新的世界，尽管有过畏惧和退缩，可是他们还是抛弃了传统的外衣，希望融入这个世界，可是外来文明以一种侵略的态度吞噬这个家族，于是他们就在这样一种开放的文明世界中持续着"百年孤独"。

第 344—360 页

该部分为整部小说的结尾。布恩迪亚家族的第六代奥雷里亚诺·布恩迪亚眼睁睁看着自己的爱人因生育而大出血死去，看着刚出生的第七代孩子被蚂蚁噬啮，他的家人们、朋友们、邻居们，死的死，散的散，此时的他孤独无援，悲苦无泪。七代人的悲剧命运，在这一刻达到了高潮。

奥雷里亚诺在看到孩子被蚂蚁吞噬的那一刻，瞬间破译出写满他家族故事的羊皮卷的内容。此时，根据小说的描写，一面奥雷里亚诺将自己留在钉死了门窗的屋中解读羊皮卷，一面则是飓风不断吞噬着这个小屋连同整个马孔多镇。在奥雷里亚诺解读完羊皮卷的瞬间，他连同整个马孔多小镇，就像羊皮卷所预言的那样，终于消失在风中。在作者轻盈的笔调中，一切看似如梦如幻，读起来却倍感真实与沉重。

精彩语段

多年以后，面对行刑队，奥雷里亚诺·布恩迪亚上校将会回想起父亲带他去见识冰块的那个遥远的下午。那时的马孔多是一个二十户人家的村落，泥巴和芦苇盖成的屋子沿河岸排开，湍急的河水清澈见底，河床里卵石洁白光滑宛如史前巨蛋。世界新生伊始，许多事物还没有名字，提到的时候尚需用手指指点点。每年三月前后，一家衣衫褴褛的吉卜赛人都会来到村边扎下帐篷，击鼓鸣笛，在喧闹欢腾中介绍新近的发明。最初他们带来了磁石。一个身形肥大的吉卜赛人，胡须蓬乱，手如雀爪，自称梅尔基亚德斯，当众进行了一场可惊可怖的展示，号称是出自马其顿诸位炼金大师之手的第八大奇迹。他拖着两块金属锭走家串户，引发的景象使所有人目瞪口呆：铁锅、铁盆、铁钳、小铁炉纷纷跌落，木板因钉子绝望挣扎、螺丝奋力挣脱而吱嘎作响，甚至连那些丢失多日的物件也在久寻不见的地方出现，一窝蜂似的追随在梅尔基亚德斯的魔铁后面。“万物皆有灵，”吉卜赛人用嘶哑的嗓音宣告，“只需唤起它们的灵性。”

——节选自第 1 页

美人儿蕾梅黛丝是唯一不为香蕉热潮所动的人。岁月流逝，她却永远停留在天真烂漫的童年，对各样人情世故越发排斥，对一切恶意与猜疑越发无动于衷，幸福地生活在自己单纯的现实世界里。她不明白女人为什么要费事穿胸衣和衬裙，便为自己缝制了一件麻布长袍，往头上一套就简单解决了穿衣服的麻烦，并且感觉上仍像没穿一样。按照她的想法，在家里赤身露体才是唯一体面的方式。她本有一头瀑布般垂至腿肚的长发，但她厌烦了家人总要她修剪，还要用发卡束成发髻，或用彩色绳圈编出辫子，便索性剃了个光头，拿头发去给圣徒像做假发。

——节选自第203—204页

当马孔多在《圣经》所载那种龙卷风的怒号中化作可怕的瓦砾与尘埃旋涡时，奥雷里亚诺为避免在熟知的事情上浪费时间又跳过十一页，开始破译他正度过的这一刻，译出的内容恰是他当下的经历，预言他正在破解羊皮卷的最后一页，宛如他正在会言语的镜中照影。他再次跳读去寻索自己死亡的日期和情形，但没等看到最后一行便已明白自己不会再走出这房间，因为可以预料这座镜子之城——或蜃景之城——将在奥雷里亚诺·巴比伦全部译出羊皮卷之时被飓风抹去，从世人记忆中根除，羊皮卷上所载一切自永远至永远不会再重复，因为注定经受百年孤独的家族不会有第二次机会在大地上出现。

——节选自第359—360页

阅读感悟

人们习惯了一个悲剧性的开始，往往会牵连出挣扎、痛苦、转机和希望，这仿佛是生活应有的模式。可是，这个世界的残酷正在于此，生活并不是任人打扮的小姑娘，一个悲剧性的开始，招致的也可能是更大的悲剧，挣扎并不必然带来希望。恰如鲁迅先生所言：“绝望之为虚妄，正与希望相同。”弥漫在《百年孤独》中的那些虚幻缥缈，故事中那些爱恨情仇、悲欢离合，反映着人类最沉痛的历史体验：希望与虚妄同在。

《百年孤独》中讲述的布恩迪亚家族七代人的故事，既是对拉美文明发展史的巨大隐喻，更是拉丁美洲20世纪前后的历史缩影。我们知道，在拉美的土地上曾生活着善良而古老的印第安人部落，他们创造了灿烂的文明。但是，随着殖民者用火与剑征服了这座大陆，南美的印第安人，从社会结构到信仰风俗都发生了深刻的变化。当它终于挣脱了殖民枷锁而独立后，却旋即陷入了党派纷争和内战漩涡。很快，现代资本大量涌入，跨国公司疯狂逐利，让这个已经破落不堪的地方更是满目疮痍，让没落腐朽的东西更加没落腐朽。

在《百年孤独》中，马孔多小镇的建立、布恩迪亚家族第一代创业的艰辛、吉卜赛人的到来、爱情与孤独的矛盾、内战的爆发、资本主义的入侵、人民的反抗……几乎逐一对应了拉美印第安文明的衰落史。这段历史既压抑又沉重。而这部凝结着拉美人民血泪史的小说，梦幻般的叙事场景，轻盈到漫不经心的叙事笔法，让小说处处充斥着一种魔幻轻灵的风格，读来却是震慑心扉。

小说用“孤独”一词来形容布恩迪亚家族的悲剧命运。到底什么是“孤独”呢？故事里的布恩迪亚们，走不出近亲繁殖的遗传怪圈，走不出闭塞的马孔多小镇，甚至连对下一代的教育，也充满了封闭和愚昧。抗争过，逃离过，等来的依然是打不破的封闭循环，只能孤独。

这种孤独的滋味，我想，当我们回顾中华民族近代以来的屈辱史时，也许能略略感受一二。阅读“五四”时期的著作，我们能感受到那个时代下知识分子的彷徨、焦虑、求索、斗争，这是人们面对侵略时的普遍心态。可是，我们挺了过来。我们有过痛苦，有过牺牲，但不孤独，希望永远还在。可是，对于布恩迪亚家族所代表的那些消逝的族群和文明来说，他们的希望在哪里呢？他们的出路又在何方？

这是作者对读者的拷问，也是历史对文明的拷问。

拓展阅读

1.《活着为了讲述》：［哥伦比亚］加西亚·马尔克斯著，李静译，南海出版公司 2015 年 11 月第 1 版；

2.《霍乱时期的爱情》：［哥伦比亚］加西亚·马尔克斯著，杨玲译，南海出版公司 2012 年 9 月第 1 版。

《追风筝的人》

基本信息

作　者：[美] 卡勒德·胡赛尼

译　者：李继宏

出版社：上海人民出版社

版　次：2006 年 5 月第 1 版

图书经纬

卡勒德·胡赛尼（Khaled Hosseini），1965 年生于阿富汗首都喀布尔，在那里度过了美好的童年，后因战争随父亲迁入美国。毕业于加州大学圣地亚哥医学系。作者把自身在阿富汗的经历和真实情感融入小说创作中，代表作有《追风筝的人》《灿烂千阳》《群山回唱》。2006 年，因其作品巨大的国际影响力，胡赛尼获得联合国人道主义奖，并受邀担任联合国难民署亲善大使。

《追风筝的人》是作者的第一本小说，出版后大获好评，获得各项新人奖，并跃居全美各大畅销书排行榜，全球销量超过 4000 万册，2007 年已由梦工厂改编成电影。

小说没有矫揉造作，没有无病呻吟，只有真实的情感，凝练的语句，犹如一面镜子，折射出 1970 年代后阿富汗的社会真相：自从 18 世纪中叶现代阿富汗国家形成，哈扎拉人就屡屡受到最大民族普什图族的迫害，这持续到 21 世纪之初。2001 年美国出兵阿富汗，打败了塔利班，哈扎拉人才得到前所未有的权利，包括接受高等教育、参军等。作者用清新自然的笔风勾勒出家庭与友谊，背叛与救赎，启示人们思考人性的善恶与心灵的本真。

内容梗概

小说共25章，以第一人称视角讲述了生活在阿富汗首都喀布尔的普什图人阿米尔和哈扎拉人仆人哈桑的故事。故事以风筝比赛中发生的事为焦点，表现了主人公心灵成长与自我救赎的主题，折射了阿富汗从1970年到2000年间的民族、社会、阶层矛盾与冲突，以及他国入侵与斗争的历史。

阿米尔的父亲是一名法官和成功的地毯商，哈桑的父亲则是阿米尔家的仆人。民族仇恨和主仆地位并未影响少年们的情谊，阿米尔和哈桑是好玩伴，但阿米尔的父亲却偏爱勇敢的哈桑，而认为阿米尔太怯懦。1975年两位少年参加当地的风筝比赛——阿米尔是斗风筝、切线的高手，哈桑也是出色的追风筝者，俩人对夺冠都志在必得。不幸的是，追风筝途中，哈桑被恶霸少年围堵并性侵，阿米尔目睹全过程却不敢出头，回家后反而制造事端逼走了哈桑父子。1979年苏联入侵阿富汗后，父亲带着阿米尔历尽艰辛，避难美国。阿米尔在美国上大学、结婚，之后爸爸去世，他因无法生育和少年时期带来的负罪感而备受心灵煎熬。

2001年，父亲的故人告诉阿米尔，哈桑是阿米尔父亲的私生子，已经死亡，故人希望他能“在此走上成为好人的路”，去救回哈桑的儿子索拉博。阿米尔深入塔利班控制的喀布尔，在残酷、无情、非人性的环境中，付出肉体和精神的沉重代价救出了索拉博，并带他回到美国。阿米尔耐心而温柔地慢慢帮索拉博走出阴影，并在一次放风筝活动中，勇敢地替索拉博追到了那只象征友谊、正直、善良的风筝，自己的心灵也终获救赎而自由。

经典篇章

第六章、第七章

阿米尔与哈桑表面是主仆关系，其实是同父异母的兄弟，两人在喀布尔度过了快乐的童年。斗风筝、追风筝比赛在阿米尔看来，是他和严厉的爸爸之间深一层的交集，所以非常重视。阿米尔擅长斗风筝，作为助手的哈桑则擅长追掉落的风筝，两个步骤完成才算获胜。第六章交代了两个人在以往的比赛中配合默契，也为阿米尔最后一次看到哈桑埋下伏笔。

第七章讲述了热闹非凡的风筝大赛。追逐风筝中哈桑却突然停下来，对着少爷说了一句："为你，千千万万遍！"但在比赛中阿米尔久久等不到追风筝的哈桑，就去寻找，却看到哈桑为保护风筝，维护少爷，被阿塞夫侮辱的整个过程，然而阿米尔却没有挺身而出。他心里有个声音在说："为了赢回爸爸，也许哈桑只是必须付出的代价，是我必须宰割的羔羊。"——平时爸爸对哈桑更好一些，嫉妒使他放弃拯救。

第二十三章

这一章讲述了阿米尔的心灵救赎之路。2001 年阿富汗的喀布尔被塔利班占领，已在美国安家的阿米尔接到电话，拜托他援救哈桑的儿子索拉博。阿米尔内心煎熬、痛苦，在梦中经常回想起当年风筝大赛时的哈桑，响起"为你，千千万万遍！"父亲的故人拉辛汗还告诉阿米尔，哈桑其实是他爸爸的私生子，是阿米尔同父异母的兄弟。怀揣着内疚和救赎，阿米尔踏上了回阿富汗的自我救赎之路。这是全书的高潮部分，体现了人性的苏醒和心灵的救赎。

精彩语段

一个梦境：

我在暴风雪中迷失了方向。寒风凛冽，吹着雪花，刺痛了我的双眼。我在白雪皑皑中跋涉。我高声求救，但风淹没了我的哭喊。我颓然跌倒，躺在雪地上喘息，茫然望着一片白茫茫，寒风在我耳边呼啸，我看见雪花抹去我刚踩下的脚印。我现在是个鬼魂，我想，一个没有脚印的鬼魂。我又高声呼喊，但希望随着脚印消逝。这当头，有人闷声回应。我把手架在眼睛上，挣扎着坐起来。透过风雪飞舞的帘幕，我看见人影摇摆，颜色晃动。一个熟悉的身影出现了。一只手伸在我面前，我望见手掌上有深深的、平行的伤痕，鲜血淋漓，染红了雪地。我抓住那只手，瞬间雪停了。我们站在一片原野上，绿草如茵，天空中和风吹着白云。我抬眼望去，但见万里晴空，满是风筝在飞舞，绿的、黄的、红的、橙的。它们在午后的阳光中闪耀着光芒。

——节选自《第七章》

我俯视索拉博，他嘴角的一边微微翘起。

微笑。

斜斜的。

几乎看不见。

但就在那儿。

在我们后面，孩子们在飞奔，追风筝的人不断尖叫，乱成一团，追逐那只在树顶高高之上飘摇的断线风筝。我眨眼，微笑不见了。但它在那儿出现过，我看见了。

“你想要我追那只风筝给你吗?”

他的喉结吞咽着上下蠕动。风掠起他的头发。我想我看到他点头。

“为你，千千万万遍。”我听见自己说。

然后我转过身，我追。

它只是一个微笑，没有别的了。它没有让所有事情恢复正常。它没有让任何事情恢复正常。只是一个微笑，一件小小的事情，像是树林中的一片叶子，在惊鸟的飞起中晃动着。

但我会迎接它，张开双臂。因为每逢春天到来，它总是每次融化一片雪花；而也许我刚刚看到的，正是第一片雪花的融化。

我追。一个成年人在一群尖叫的孩子中奔跑。但我不在乎。我追，风拂过我的脸庞，我唇上挂着一个像潘杰希尔峡谷那样大大的微笑。

我追。

——节选自《第二十五章》

阅读感悟

此书如一把尖利的刻刀，将人性的真实刻画得近乎残酷，却毫不哗众取宠。作者精湛的文笔，也让时光如光影一般交错。回顾漫长曲折的人生道路，往事历历在目：童年的那次风筝比赛，哈桑为了帮阿米尔而遭受凌辱，而好兄弟阿米尔目睹一切，万般纠结，却抵不过内心的懦弱，选择了逃避。自此，那个画面就成了阿米尔的心结。然而已经物是人非，阿米尔回不去的童年，是他填补不了的心灵裂缝。

小说中的两兄弟，面对裂缝有着截然不同的心理。一方面阿米尔一直在自我开解，企图逃避，但最终选择了直面心结，寻求心灵救赎之路。另一方面，哈桑则从头到尾都没有怪罪过阿米尔，反而有个朴素的想望："我梦到了我的儿子会成长为一个好人，一个拥有自由意志的人；我梦到了有一天，你会回到我们童年玩耍的这片土地，故地重游；我梦到了鲜花再次在街道上盛开……天空满是色彩斑斓的风筝!"我们在整个故事中感受到真诚，感觉到悲伤，可最终它给我们带来了希望，哈桑的心愿最终在儿子身上实现了，阿米尔的心灵也获得了安宁。

也许每个人生命中都有一只想要挽回的"风筝"。生命中的裂缝，是悲伤，更是阳光重新普照的地方。也许每个人的命运都像风筝一样，它向往更高更远的天空，但却受着那根细细丝线的牵引而无法摆脱。但也正因这根丝线的牵引，它才不至于消失在天际或跌落尘埃，而是在空中划出优美的人生轨迹。而这根线，恰恰就是人性的良知与心灵的皈依。

拓展阅读

1.《灿烂千阳》：[美] 卡勒德·胡赛尼著，李继宏译，上海人民出版社2007年9月第1版；

2.《群山回响》：[美] 卡勒德·胡赛尼著，李继宏译，上海人民出版社2013年8月第1版。

《经典常谈》

基本信息

作　者：朱自清

出版社：浙江文艺出版社

版　次：2006 年 9 月第 1 版

图书经纬

朱自清（1898—1948），中国现代散文家、诗人、学者、民主战士。1916 年考入北京大学预科，1919 年开始发表诗歌，1928 年第一部散文集《背影》出版。1932 年任清华大学中国文学系主任。1934 年出版《欧游杂记》《伦敦杂记》。1936 年出版散文集《你我》。1937 年抗日战争全面爆发，随校南迁昆明，任西南联大教授，1946 年返回北京，任清华大学中文系主任。朱自清一生著述颇丰，有《朱自清全集》行世。

朱自清说："在中等以上的教育里，经典训练应该是一个必要的项目。经典训练的价值不在实用，而在文化。"他认为，一个有相当教育的国民，至少应该对于本国的经典有接触的义务，本着这一理念，他撰写了《经典常谈》，该书 1946 年由文光书店刊行，1980 年三联书店重刊。

《经典常谈》出版 70 多年来广为流传，成为普及中国传统文化的启蒙经典，更是读者了解中国古代文化典籍的入门指南。

内容梗概

《经典常谈》全书共 13 篇，对我国传统文化遗产中的经典典籍进行了要言不烦的分析和介绍，具体内容为：《说文解字第一》《周易第二》《尚书第三》《诗经第四》《三礼第五》《春秋三传第六》《四书第七》《战国策第八》《史记汉书第九》《诸子第十》《辞赋第十一》《诗第十二》《文第十三》。介绍书籍的同时，作者还对古代诗、文、赋等文学体裁的源流做了简单的梳理，涉及每种文体的萌芽、产生、定型、发展过程以及相关代表作家作品。此外，还系统地介绍了中国古代文学的发展与历史脉络，简直是一部小而精的经典文学史。

经典篇章

说文解字第一

文字，从哪里来？它又如何演变成我们今天看到的模样？在本章中，作者用生动的叙述呈现了“仓颉造字”的传说，同时又用简洁的笔触梳理了先秦至今我国文字发展的历史。《说文解字》是我国文字发展史中的重要典籍，历史贡献非同一般，用作者的话讲，“《说文解字》是文字学的古典，又是一切古典的工具或门径”。

尚书第三

《尚书》是我国最古的记言的历史，因时代久远、版本庞杂、语言晦涩艰深，很多读者对它望而生畏。值得击节赞叹的是，朱自清用科学审慎的态度对流传千年的《尚书》做了严谨的考证，确定了《尚书》最原始的真本，梳理总结了南宋至清中叶学者们对《尚书》真伪问题的研究，廓清千年迷雾，还原经典真颜。于学理中讲故事，在考证中出真知，本章可谓典范。

辞赋第十一

提到辞赋，大家自然会想到屈原。但熟悉屈原的故事，却不一定能够轻易走进屈原的辞赋。本章对屈原及屈原的《离骚》进行了动情而详细的介绍，同时概述了辞赋这一文体的源流和发展脉络，对汉代以来的辞赋家及作品进行了简明扼要的总结。

精彩语段

在人家门头上，在小孩的帽饰上，我们常见到八卦那种东西。八卦是圣物；放在门头上，放在帽饰里，是可以辟邪的。辟邪还只是它的小神通；它的大神通在能够因往知来，预言吉凶。算命的、看相的、卜课的，都用得着它。他们普通只用五行生克的道理就够了，但要详细推算，就得用阴阳和八卦的道理。八卦及阴阳五行和我们非常熟习；这些道理直到现在还是我们大部分人的信仰；我们大部分人的日常生活不知不觉之中教这些道理支配着。行人不至、谋事未成、财运欠通、婚姻待决、子息不旺，乃至种种疾病疑难，许多人都会去求签问卜、看命看相，可见影响之大。讲五行的经典，现在有《尚书·洪范》；讲八卦的便是《周易》。

——节选自《周易第二》

怎么叫作礼治呢？儒家说初有人的时候，各人有各人的欲望，各人都要满足自己的欲望；没有界限，没有分际，大家就争起来了。你争我争，社会就乱起来了。那时的君师们看了这种情形，就渐渐给定出礼来，让大家按着贵贱的等级，长幼的次序，各人得着自己该得的一份儿吃的喝的穿的住的，各人也做着自己该做的一份儿工作。各等人有各等人的界限和分际；若是只顾自己，不管别人，任性儿贪多务得，偷懒图快活，这种人就得受严厉的制裁，有时候保不住性命。这种礼，教人节制，教人和平，建立起社会的秩序，可以说是政治制度。

——节选自《三礼第五》

诸子都出于职业的“士”。“士”本是封建制度里贵族的末一级；但到了春秋、战国之际，“士”成了有才能的人的通称。在贵族政治未崩坏的时候，所有的知识、礼、乐等等，都在贵族手里，平民是没份的。那时有知识技能的专家，都由贵族专养专用，都是在官的。到了贵族政治崩坏以后，贵族有的失了势，穷了，养不起自用的专家。这些专家失了业，流落到民间，便卖他们的知识技能为生。凡有权有钱的都可以临时雇用他们；他们起初还是伺候贵族的时候多，不过不限于一家贵族罢了。这样发展了一些自由职业；靠这些自由职业为主的，渐渐形成了一个特殊阶级，便是“士农工商”的“士”。这些“士”，这些专家，后来居然开门授徒起来。徒弟多了，声势就大了，地位也高了。他们除掉执行自己的职业之外，不免根据他们专门的知识技能，研究起当时的文化和制度来了。这就有了种种看法和主张。各“思以其道易天下”。诸子百家便是这样兴起的。

——节选自《诸子第十》

阅读感悟

近年来，国学热持续发酵，从荧屏上的“讲坛”系列到高中、大学课堂上的经典导读，再到社会上的“国学教室”，真是热闹非凡。在这股国学热中，标新立异求关注者有之，感喟世事发牢骚者有之，浑水摸鱼汲汲逐利者也不乏其人。书海茫茫、海风激荡，经典之深、经典之众，作为普通读者，我们该如何找寻合适路径行至彼岸之经典?《经典常谈》可以是我们走近经典的导航灯。

作为一本1946年出版的小书，《经典常谈》于热闹中为读者辟出一方清凉，读来令人醒悟、令人宁静。数千年文化典籍的精华经由本书提纲挈领地介绍，如星辰般在夜空熠熠闪耀。文字高度洗练、笔法娴熟、文风从容平和，如讲故事般娓娓道来，阅读的过程中不觉仰首伸眉、困倦顿消。

拓展阅读

1.《论雅俗共赏》：朱自清著，四川人民出版社2017年12月第1版；

2.《朱自清散文精选》：朱自清著，人民文学出版社2003年5月第1版。

《中国文学史》

基本信息

主　编：袁行霈

出版社：高等教育出版社

版　次：2014 年 5 月第 3 版

图书经纬

袁行霈，著名古典文学专家，1936 年生于山东济南，1957 年毕业于北京大学中文系，后留校任教，现已退休。曾任日本东京大学教授、新加坡国立大学客座教授以及美国哈佛大学燕京学社访问学者。著有《陶渊明集笺注》《中国诗歌艺术研究》《中国文学概论》《袁行霈学术文化随笔》等，主编《中华文明史》（合编）、《中国文学史》、《中国文学作品选注》等。

《中国文学史》出版后获得第五届国家图书奖、北京市哲学社会科学优秀成果特等奖、全国普通高等学校优秀教材一等奖。

内容梗概

《中国文学史》分为四卷（4 册），共 184 万字。全书共九编，第一卷两编：先秦文学、秦汉文学；第二卷两编：魏晋南北朝文学、隋唐五代文学；第三卷两编：宋代文学、元代文学；第四卷三编：明代文学、清代文学、近代文学。

在创作原则上，倡导文学本位，将文学置于广阔的文化背景之中，翔实地描述中国古代文学的发展历程，并对原有研究作了创新性的考证和论述。

在结构安排上，“纵向”与“横向”完美结合。纵向上来说，先秦诗歌与原始巫术、歌舞密不可分，两汉文学与《诗经》《楚辞》也有很大关系；横向上来说，比如研究魏晋南北朝文学就不能不关注玄学、佛学等。

经典篇章

第一卷第一编第三章　《左传》等先秦叙事散文

先秦史传散文的顶峰之作《左传》中，行人辞令、大夫谏说佳作甚多，这些辞令由于行人身份及对象的不同而风格各异，有的委婉谦恭、不卑不亢，有的词锋犀利。对比来看，《战国策》则在人物形象塑造上更见功力，作者不满足于平铺直叙，有意追求行文的奇特惊人，运用夸张、排比、寓言、用韵等各种文学手法，务使其语言具有煽动性，使得该书由此显得奇绝恣肆、雄隽华赡、姿态万方。

第二卷第四编第二章　盛唐的诗人群体

唐朝国力鼎盛、经济繁荣，形成了盛唐气象。本章以盛唐为背景，分类介绍了这一时期涌现出的风格成熟、各放异彩的诗人们，如以王维为代表的、有静逸明秀之美的诗人，以王昌龄、崔颢为代表的、有清刚劲健之美的诗人，以高适、岑参为代表的、有慷慨奇伟之美的诗人等，同时分析了他们的诗歌特色及其形成原因。

本章的叙述宏观和微观结合，全面、深入展示唐诗成就与盛唐诗人风貌。一方面将盛唐诗人、诗歌风格依类造形，文风专业又不失通俗，为读者欣赏庞杂丰富的唐诗指点了迷津。另一方面，将同类诗人加以甄别，深入细致地呈现出他们于同中的不同，如指出高适和岑参同属慷慨奇伟之诗人，高诗思想性突出，苍凉悲慨中带有对战争的冷静思考；岑诗更具艺术创造性，将塞外风物以奇特手法表现出来，形成鲜明印象。

精彩语段

把文学当成文学来研究，文学史著作应立足于文学本位，重视文学之所以成为文学并具有艺术感染力的特点及其审美价值。当然，文学的价值在很大程度上取决于其内容的深度与广度，这是没有问题的，但必须借助语言这个工具以唤起接受者的美感。一些文学作品反映现实的深度与广度未必超过史书的记载，如果以有“诗史”之称的杜甫诗和两《唐书》、《资治通鉴》相比，以白居易的《卖炭翁》与《顺宗实录》里类似的记载相比，对此就不难理解了。但后者不可能代替前者，因为前者是文学，具有审美的价值，更能感染读者。

——节选自《总绪论》

与王维、孟浩然等山水诗人同时出现于盛唐诗坛的，有一群具有北方阳刚气质的豪侠型才士。他们较热衷于人世间的功名富贵，动辄以公侯卿相自许，非常自信和自负，颇有横绝一世、骏发踔厉的狂傲气概。尽管他们入仕后的境遇与所追求的人生理想反差甚大，颇多失意之感，但仍不失雄杰之气。他们的诗歌创作，具有豪爽俊丽而风骨凛然的共同风貌，创造出了清刚劲健之美。

这群个性鲜明的豪侠诗人，多为进士出身的寒俊文士，文学活动主要在开元、天宝年间。王翰是他们当中进士及第较早的一位。他是并州晋阳（今山西太原）人，生卒年不详，于睿宗景云元年（710）登进士第，为人狂傲而放纵。在进士登第后赴吏部铨选时，他将海内文士分为九等，于吏部东街张榜公布：第一等中仅有三人，除了被誉为“一代文宗”的张说和大名士李邕之外，剩下一人就是他自己，自负得近于狂妄。他入仕后生活放荡，日与才士豪侠游乐，纵酒蓄妓，因此被贬为道州司马，最终卒于任上。

王翰狂放不羁的行为心态，在盛唐士人中具有典型性，与赤裸裸地追求功名相关，怀有及时富贵行乐思想。他在《古蛾眉怨》中说：“人生百年夜将半，醉酒长歌莫长叹。情知白日不可私，一死一生何足算！”以放纵为风骨，在后人看来难免轻狂，但反映出当时士人特有的那种极其坦荡的心情和豪健的气格。所以王翰诗多一气流转的壮丽俊爽之语，代表作为《凉州词二首》其一：

葡萄美酒夜光杯，欲饮琵琶马上催。醉卧沙场君莫笑，古来征战几人回？

以豪饮旷达写征战，连珠丽辞中蕴含着清刚顿挫之气，极为劲健。王翰存诗不多，但仅此一首七绝，也足以名世了。

——节选自《第二卷第四编第二章第二节　王昌龄、崔颢等创造清刚劲健之美的诗人》

《三国志演义》是在陈寿《三国志》等历史记载的基础上，按照一定的美学理想所创作的一部历史演义小说，有虚有实。清代的章学诚认为它是“七分事实，三分虚构”（《丙辰札记》）。这个定量的分析被后人普遍接受。但《三国志演义》之所以在虚实结合方面比较成功，主要不是在“量”的搭配上比较合理，而是在对小说与历史的“质”的差异上有着比较清醒的认识和恰当的处理。它在按照一定的政治道德观念重塑历史的同时，也根据一定的美学理想来进行艺术的创造，使实服从于虚，而不是虚迁就实。小说中的主要人物形象已经全非历史人物的本来面目，情节故事也多经过张冠李戴、移花接木、添枝加叶等艺术处理。它已不是真实的历史，而是借三国史实的基干和框架，另描了一幅波澜壮阔、气势恢宏的历史画卷。

——节选自《第四卷第七编明代文学第一章第三节　波澜壮阔、气势恢宏的历史画卷》

阅读感悟

文学是多维的，文学史同样也是多维的。阅读袁先生的《中国文学史》，我的收获同样也是多维的。

如果把这套书当作文学的“启蒙书”来读，一开始会感觉十分枯燥，但耐心读后，发现其中别有洞天。对于非中文专业的学生来说，单是里面的古诗文就已经让人陶醉，更何况这本书里不管是历史知识的记叙，还是文学人物的描述，以及作品、文学现象的分析，皆语言优美，连珠丽辞不绝于耳，又深有启发，让人不忍释卷。

这套书另外一个特点是关注学术前沿，吸纳最新成果，摆脱了先分析思想内容、再介绍艺术特色的老套路，对艺术作品的把握更深化。以元代文学为例，以往的文学史在论及元代社会与文学时，对元代文学的评价偏低，强调阶级压迫和民族压迫一面的多，谈民族融合和沟通一面的少；强调程朱理学思想统治一面的多，注意思想松动活跃一面的少。《中国文学史》则在概述阶级压迫和民族压迫的同时，指出“就我国历史总体而言，在元代，居住于长城内外的各族人民，既有斗争，更有沟通、融合”，特别是文化融合，一方面大大提高了少数民族的文明程度，也给汉族文化注入了新的成分。知识分子地位的下降，促使一部分人不再依附政权，人格相对独立，思想意识随之异动，所谓“儒生不幸文坛幸”，这是促成元代杂剧发展的重要因素。故而，“元代的历史是比较短暂的，但元代文学在中国文学发展的过程中，却有划时代的意义”。

拓展阅读

1. 《中华文明史》：袁行霈等主编，北京大学出版社2006年4月第1版；

2. 《中国通史》：卜宪群总撰稿，中国社会科学院历史研究所撰稿，华夏出版社2016年5月第1版。

《西方文学十五讲》(修订版)

基本信息

作　者：徐葆耕

出版社：北京大学出版社

版　次：2012 年 7 月第 2 版

图书经纬

徐葆耕（1937—2010），笔名达江复、高耘。1960 年毕业于清华大学，并留校任教多年。曾任清华大学人文学院副院长，中文系主任，教育部部聘中文学科教学指导委员会副主任。主要学术著作有《西方文学：心灵的历史》《西方文学十五讲》《释古与清华学派》等。

《西方文学十五讲》是“名家通识讲座书系”之一，该书系是由北京大学发起，全国十多所重点大学和一些科研单位协作编写的一套大型多学科普及读物。丛书采用学术讲座的风格，有意保留讲课的口气和生动的文风，有“讲”的现场感，亲切、有趣，出版后广受欢迎。

内容梗概

这是一本西方文学史的入门书，共包括十五讲，内容纵横上下三千年，横跨欧美两大洲，涵盖了从古希腊至今西方文学发展的主要思潮及各个时期最具经典性的作家和作品，诸如但丁与《神曲》、莎士比亚与《哈姆雷特》、司汤达与《红与黑》、巴尔扎克与《人间喜剧》、托尔斯泰与《安娜·卡列尼娜》等，深度揭示了西方文学生生不息的发展历程。

《西方文学十五讲》不仅清晰地为我们讲述了西方文学发展的历史，还向读者展示了中西文化的差异，以及各自文化的内核与短板。作者认为，中国文化是山，西方文化是水。中国人安土重迁，文化、文学要做到“文以载道”，教给人们做人的钢筋铁骨，但在表现人性的丰富性上受到限制；西方文化是海洋文化，西方文学是西方人的心灵史，展示了比宇宙还要辽阔的人的心灵世界，但摒弃理性、抛弃传统的文学作品，也让西方文学一度走入不可自拔的泥潭。

经典篇章

第五讲　文艺复兴概说

14 世纪初出现的文艺复兴，势不可挡。当资本主义开始兴起，金钱开始与上帝平等，人们走出蒙昧，一切以新的理性视角被重新审视，高举古希腊文化大旗的文艺复兴也就成为当时人们的“新大陆”，文学作为其中的一环被裹挟于时代潮流中，展现出了新的发展。

从结构上来说，本讲作为六大思潮之一，介绍了早期彼特拉克、卜伽丘、拉伯雷、蒙田、塞万提斯等颇具开创性的作家及其作品，作者以宏富的学识、深沉的领悟与对文学作品深入专业的分析，对作家和作品进行了别开生面的介绍，给我们带来了与一般教材不同的阅读体验。

第十三讲　托尔斯泰与《安娜·卡列尼娜》

托尔斯泰被列宁称为“俄国革命的镜子”，因为他的小说反映了俄国新旧交替时期社会各阶层的精神心理面貌，展示了无与伦比的俄罗斯生活图画。本讲从作者对托尔斯泰阅读的私人体验开始，讲述了托尔斯泰的成长过程，着重介绍了他的代表作《安娜·卡列尼娜》。作为贵族后裔的托尔斯泰在 82 岁时对生活上的享乐一直心怀“罪感”，并一直用实际行动和创作进行“赎罪”，可怜的老人在生活中和他妻子的价值观形成强烈反差，最后为“赎罪”离家出走，却客死他乡的故事，一方面令人伤神，另一方面也令人肃然起敬。

本讲还用了三个小节对《安娜·卡列尼娜》进行解读，十分精彩。作者对小说情节的介绍渗透着个人化的阅读体验与领悟，读来有一种亲切感，讲述安娜的故事就如同讲述隔壁的友人那样娓娓道来，对人物形象的分析又密切结合了时代、社会习俗和作者创作过程的描述，让读者不知不觉完全理解了安娜和卡列宁，对她的处境和绝望产生了深切的同情，对卡列宁这一时代和社会的傀儡和牺牲品也产生理解，也让读者看到了托尔斯泰对俄国家庭、爱情的描写以及人性深层原因的剖析。作者的这些描述和分析仿佛一个个路标，又仿佛高明的导游，给予我们阅读原著的指导和欣赏原著的慧眼。

精彩语段

马克思说，人们对于爱情的态度是衡量社会整个文明程度的一个标志。我们看了莎士比亚的这些作品后感觉到，远古时代人们把男女之间的关系看作一种性欲，而到了莎士比亚，他已经把性欲升华成了一种美的情感。这种美的情感在多方面的表现构成了近代社会生活中在精神上编织出来的一个伊甸园。

…………

在这个伊甸园里各种各样的爱情探索中，我们要特别提出一点来跟各位讨论，那就是爱情的高峰体验。按照著名心理学家马斯洛的观点，人生的幸福在于人有各个方面情感上的高峰体验。什么叫作情感的高峰体验呢？可以这样简单地说，就是人在处理人和自然、人和社会、人和人、人和自身这四个关系中能达到高度和谐一致的时候，人就出现了情感的高峰体验。这是人的一种幸福态，比如说人和自然的关系：到了春暖花开时，你心情非常舒畅，没有任何的精神负担，骑着自行车，来到一个鲜花盛开的山谷里，在青青的草地上，你躺在那儿，感觉到来自大地深处的温热正在从你的身体下面缓缓升起，你的头顶上是一片湛蓝的天空。你感到温暖的大地正在载着你上升，湛蓝的天空正在下降。你作为一个人融化在这广阔无垠的大自然中，感到一种非常惬意的舒适。我们说，这就是一种“天人合一”的感觉。这种感觉是在人和自然高度和谐的状态下产生的，不是任何时候都可以达到的。

——节选自《第六讲　莎士比亚与〈哈姆雷特〉》

随着小说的发展，我们就看到卡列宁身上的的确确有一些非常不能让安娜喜欢，也不能让我们喜欢的品质。这些品质说起来在官场上也是很平常的东西，但是我们作为普通的人，就觉得挺不习惯。比如说书中有一段描写他们在赛马场上看赛马的时候，安娜看到卡列宁的样子：

> 安娜看到他向亭子走来，看见他时而屈尊地回答着谄媚的鞠躬，时而和他的同辈们交换着亲切的漫不经心的问候，时而殷勤地等待着权贵的一盼，并脱下他那压到耳边的大檐帽。

在这一段里，我们看到了卡列宁对三种不同的人的不同态度：第一种是谄媚者——他的下级，有求于他的，他很屈尊地回答着他们的鞠躬；第二种是他的同辈，就是同级别的同僚，交换的是一种“漫不经心的亲切的问候”；第三种人是他的上司，比他的官还大的人，怎么办呢？一看人家老远过来了，马上摘下压在自己耳边的大檐帽，老早就弯腰在路边等待着权贵的一盼，等待着这个比他高的官能够看他一眼。对三种人的这三种不同的态度，在官场上是很平常的事情。在封建社会，人的尊严的高低是按权力来分配的——权力大的尊严多，权力小的尊严少，没有权力的人就没有尊严可谈。在今天，社会权力在形式上有所转换，但尊严按权力分配的事实依然严酷地存在，即使在欧美的发达国家也是如此。启蒙主义者宣扬的人与人的平等并没有实现。安娜是一个接受了西方启蒙学者的自由平等观念的女人，她很不习惯卡列宁的这一套：

她知道他的这一套，而且在她看来很讨厌的，“想得到功名，想升官，这就是他灵魂里所有的东西，”安娜想，“至于高尚的理想，对文化，对宗教的爱好，这些都不过是为了升官的敲门砖罢了。”

但是，存在着价值观念分歧的夫妻也不一定就生活不下去，因为家庭当中终归还有很多其他的东西。导致安娜家庭破裂的更深刻的原因是卡列宁的虚伪。这种虚伪可以说是一种深入骨髓的虚伪。

——节选自《第十三讲 托尔斯泰与〈安娜·卡列尼娜〉》

阅读感悟

本书由作者的讲课录像整理而成，条理清晰，内容设计充分照顾一般青年读者的阅读选择，适合自学或作为西方文学史学习的入门读本。本书不同于专业教科书，不是专业课的压缩或简化，适合本专业之外的一般大学生和读者学习相关学科的知识，扩展学术的胸襟和眼光，进而增进自身的人文素养。同时，通过本书能够让人在对西方文学历史的探讨历程中认识人性，认识人类，进而理解自己。

本书以时间为轴叙述某一时期西方文学发展，先总结阐述某一文学时期的特点，再以该时期的著名作家及其经典作品为代表，结合作品反映该时期的时代特征及社会状况，使读者能够既见森林又见树木，理清整个西方文学的发展历程，并对西方文明有一个大致印象。

本书客观科学地解释了西方文学各个时期产生的特点和缘由，有理有据，让人信服。文中多处穿插着西方文学与中国文学的形象对比，条理清晰，加深了读者对文学发展的理解。如第二讲中："海洋国家崇尚大海，具有一种像大海一样的汹涌澎湃的性格；而大陆国家崇尚的是高山，有一种山似的稳健性格。……希腊这样的海洋国家，喜欢享受作为现实的那些欢乐，尽管他们意识到了这样的享受可能会给他们带来灾难；而作为大陆国家的中国，我们的民族比较崇尚节制自己的欲望，而由此来求得人生的长寿。"作者把西方文明的差异用文学性的语言阐释得形象而又透彻，令人折服。

拓展阅读

1.《西方文学：心灵的历史》：徐葆耕著，清华大学出版社 2002 年 5 月第 1 版；

2.《西方文学理论史》：董学文主编，北京大学出版社 2005 年 8 月第 1 版。

后 记

习近平同志曾说，读书不仅要有明确的目标、有不移的恒心，还要提高读书效率和质量，讲求读书方法和技巧，在爱读书、勤读书、读好书、善读书中提高思想水平、解决实际问题、实现自我超越。这段话揭示了阅读的重要意义、作用及对待阅读的态度，还提出了提升阅读水平的思路。

在多年的教学实践中，我们发现目前大学生阅读存在两方面的困难，一方面对多数初入大学的青年（尤其是理工科学生）来说，世界史、中国史、普通逻辑学、世界哲学等文史哲及相关知识储备十分有限；另一方面，应试教育结束后，学生自主阅读和学习缺乏方向与方法。因此，如何为在校理工科大学生寻找到一套能与其现有知识结构和储备衔接，与其未来工作需要联系，与其今后人生相关的书目，并找出适当的阅读方法，就成了高校阅读教学工作的重难点。

从 2012 年起，笔者就在理工科院校开设“读书会”——第二课堂性质的教学活动，每学期 15 次课左右，连续开展了 8 年，致力于以下目标：一是摸清低年级学生的实际知识结构、阅读能力、思维水平，找到与其恰当的阅读内容与范围；二是针对高年级理工科专门人才，调研出符合其将来岗位任职需求的阅读范围，探索出针对性强的阅读书目；三是在探索和实践在非应试条件下，自主阅读的方法、技巧和阅读活动组织模式。8 年间，我们通过读书报告会、读书讲座、主题研讨、读书交流活动、读书访谈、专家荐书等方式，每年组织上百人参加阅读活动。在活动中对精读、泛读、研讨、诵读、制作有声书、撰写读书札记、制作思维导图等形式多样的读书方法进行了实践。在此过程中陆续积累了一些材料，经过大家的后期整理，汇编成了这本

《书海引航》。

全书共41篇，分为“哲学心理学”“历史、传记”“政治、经济、社会”“科技、军事”“文学创作与文化”五部分。每篇结构分为七方面，分别介绍图书的基本信息、图书及其作者在该领域的地位和影响、图书内容、书中的精彩部分、阅读的感悟、拓展阅读书目，希望为读者简要介绍一本书的内容，指出阅读门径，分享阅读体验等，如同航海地图，为读者在茫茫知识海洋中提供一条线索，助其徜徉书海。

编撰分工如下：“哲学”“经济”类由陈亚萍编撰，“政治”“科技”“军事”由侯毅刚、郭威、王博编撰；“历史、传记”“社会”专题由张晨编撰；“文学创作与文化”专题由陈露、丁良艳编撰。郑恺、任仕坤、吴楠、李双伶、陈丽萍、张丽娟等也参加了读书报告的汇总、编辑、整理、校对等工作，全书由陈亚萍和邵广纪进行汇总、编定，由化长河、李彬最后审定。

今后，我们将继续在教学、阅读实践完善、增广书目等方面，探索更多的阅读方法，真正完成为理工科学生摸索恰当自主阅读书目的“引航”任务。由于时间、精力和能力所限，书稿中不当、疏漏、错误之处，恳请各位读者不吝指正！

编者

2020 年 2 月 20 日